Umweltfreunde 3

W0313224

Ein Sachbuch

für die Grundschule

Herausgegeben von

Inge Koch

Erarbeitet von

Jana Arnold

Silvia Ehrich

Marion Kloss

Inge Koch

Christine Köller

Rolf Leimbach

Silke Nitschel

VOLK UND WISSEN

Umweltfreunde 3

Herausgegeben von
Inge Koch

Erarbeitet von
Jana Arnold, Silvia Ehrich, Marion Kloss, Inge Koch, Christine Köller,
Rolf Leimbach, Silke Nitschel in Zusammenarbeit mit der Redaktion

Unter Einbeziehung der Ausgabe von
Sandra Chryselius, Heike Dietrich, Silvia Ehrich, Marion Kloss, Inge Koch,
Rolf Leimbach, Silke Nitschel, Ulrike Rathjen, Ellen Soppa, Diana Voß

Redaktion: Christa Krauthakel, Britta Frosina, Barbara Bütow
Bildrecherche (Foto): Janin Hacker, Peter Hartmann
Illustrationen: Uta Bettzieche (Kapitelvignetten, Piktogramme, Detektiv und Hund), Gabriele Heinisch (104, 106, 108), Katharina Knebel (8–9, 11–12, 14, 16–17, 19, 22/2, 3, 28–30, 32–33, 37–38, 41/4, 42–43, 46–47, 50/1, 3, 54/3–6, 55, 57–59, 61–62, 63/3–7, 68–69, 75, 77, 82, 91, 94–97, 110, 112, 120), Karl-Heinz Wieland (40, 52–53, 66–67, 71, 101–103, 105, 114–115), Hans Wunderlich (22/1, 24/1, 2, 4, 26, 41/1–3, 49, 50/2, 60, 64, 74, 109/2, 118, 125–127) sowie Hajo Blank (24/3), Cornelsen Verlagsarchiv (109/1), Rainer J. Fischer (18, 84), Heike Herold (123), Anna Mars (63/1–2), Sandra Menke (78), Christiane Mitzkus (109/3), Oliver Regener (54/1, 2), Steffen Walentowitz (25)
Umschlaggestaltung: tritopp, Berlin; Katharina Knebel (Illustration);
Uta Bettzieche (Detektiv und Hund)
Layout und technische Umsetzung: tritopp, Uwe Becker, Berlin

www.vwv.de

Die Links zu externen Webseiten Dritter, die in diesem Lehrwerk angegeben sind, wurden vor Drucklegung sorgfältig auf ihre Aktualität geprüft. Der Verlag übernimmt keine Gewähr für die Aktualität und den Inhalt dieser Seiten oder solcher, die mit ihnen verlinkt sind.

Dieses Werk enthält Vorschläge und Anleitungen für Untersuchungen und Experimente. Vor jedem Experiment sind mögliche Gefahrenquellen zu besprechen. Beim Experimentieren sind die Richtlinien zur Sicherheit im naturwissenschaftlichen Unterricht einzuhalten.

1. Auflage, 2. Druck 2013

© 2012 Cornelsen Verlag/Volk und Wissen Verlag, Berlin
© 2013 Cornelsen Schulverlage GmbH, Berlin

Alle Drucke dieser Auflage sind inhaltlich unverändert und können im Unterricht nebeneinander verwendet werden.

Das Werk und seine Teile sind urheberrechtlich geschützt.
Jede Nutzung in anderen als den gesetzlich zugelassenen Fällen bedarf der vorherigen schriftlichen Einwilligung des Verlages.
Hinweis zu den §§ 46, 52 a UrhG: Weder das Werk noch seine Teile dürfen ohne eine solche Einwilligung eingescannt und in ein Netzwerk eingestellt oder sonst öffentlich zugänglich gemacht werden.
Dies gilt auch für Intranets von Schulen und sonstigen Bildungseinrichtungen.

Druck: Stürtz GmbH, Würzburg

ISBN 978-3-06-082356-7

Inhalt gedruckt auf säurefreiem Papier aus nachhaltiger Forstwirtschaft

Inhalt

In der Schule

Welche Regeln brauchen wir in unserer Klasse?
Wie kann ich unsere Schule mitgestalten?
Wie lernen Kinder in anderen Ländern?

In der Klasse gut zusammenleben

Den meisten Menschen ist es wichtig, gut mit anderen auszukommen. Adolph Freiherr von Knigge beobachtete das Verhalten der Menschen und schrieb im Jahr 1788 das Buch: „Über den Umgang mit Menschen". Darin sammelte er Regeln, wie Menschen mit sich und anderen umgehen sollten, um gut miteinander zu leben. Mit dem Namen Knigge stellt man bis heute Regeln für ein gutes Verhalten auf.

1 Lest folgende Schulregeln. Sprecht in Gruppen darüber: Welche braucht ihr, um gut miteinander auszukommen? Welche Regeln würdet ihr ändern? Wie sollten sie heißen?

Beim Essen sitzen wir auf unseren Plätzen. Es wird nicht gesprochen. Das Messer liegt rechts, die Gabel links vom Teller.

Im Schulbus sitzen wir angeschnallt auf unseren Plätzen. Wir unterhalten uns nur leise. Essen und trinken sind verboten.

In der Pause begegnen wir einander freundlich. Wir verhalten uns ruhig und toben nicht wild herum. Niemand zankt oder schlägt sich.

Alle Kinder bleiben in der Klasse auf ihren Plätzen und hören aufmerksam zu. Es wird nicht gespielt. Spaß am Vormittag ist nicht vorgesehen.

2 Schreibt einen „Klassen-Knigge". Zeichnet und fotografiert dazu.

★ Stellt weitere Regeln auf: Familien-Knigge, Einkaufs-Knigge …

Ritüale guten Benehmens einfordern, selbstständig praktizieren, seinen Anteil am Schulleben einbringen, Verantwortung für schulisches Zusammenleben übernehmen

AH S.3

S.2

In vielen Schulklassen vereinbaren die Kinder selbst Klassenregeln.
Jeder kann eine Idee beitragen.

3 Das sind Klassenregeln in der „Farbtupfer-Grundschule“. Vergleiche die Darstellung der Klassenregeln in der 3 a und der 3 b. Welche gefällt dir besser? Begründe.

Die Klasse 3 a hat ihre Klassenregeln in einem Klassenvertrag festgehalten. Der Vertrag hängt gut sichtbar im Klassenraum aus.

In der Klasse 3 b hängen die Kinder große Fotos aus. So zeigen sie einander, welches Verhalten sie gut finden und welches sie ablehnen.

4 Wie solltet ihr eure Klassenregeln darstellen? Beschreibe.

★ Was passiert, wenn Regeln nicht eingehalten werden? Notiere Stichpunkte.

Der Klassenrat tagt

Im Klassenrat könnt ihr Lernergebnisse vorstellen oder über Probleme und Vorhaben in eurer Klasse oder eurer Schule sprechen. Alle Schülerinnen und Schüler der Klasse nehmen gleichberechtigt teil. Gemeinsam legt ihr den Zeitpunkt, den Ablauf und die Regeln für die Beratung fest. Alle können ihre Meinung einbringen, diskutieren und demokratisch entscheiden. Davor könnt ihr in jeder Woche Wünsche, Beschwerden und Lob in einem Briefkasten oder an einer Pinnwand sammeln.

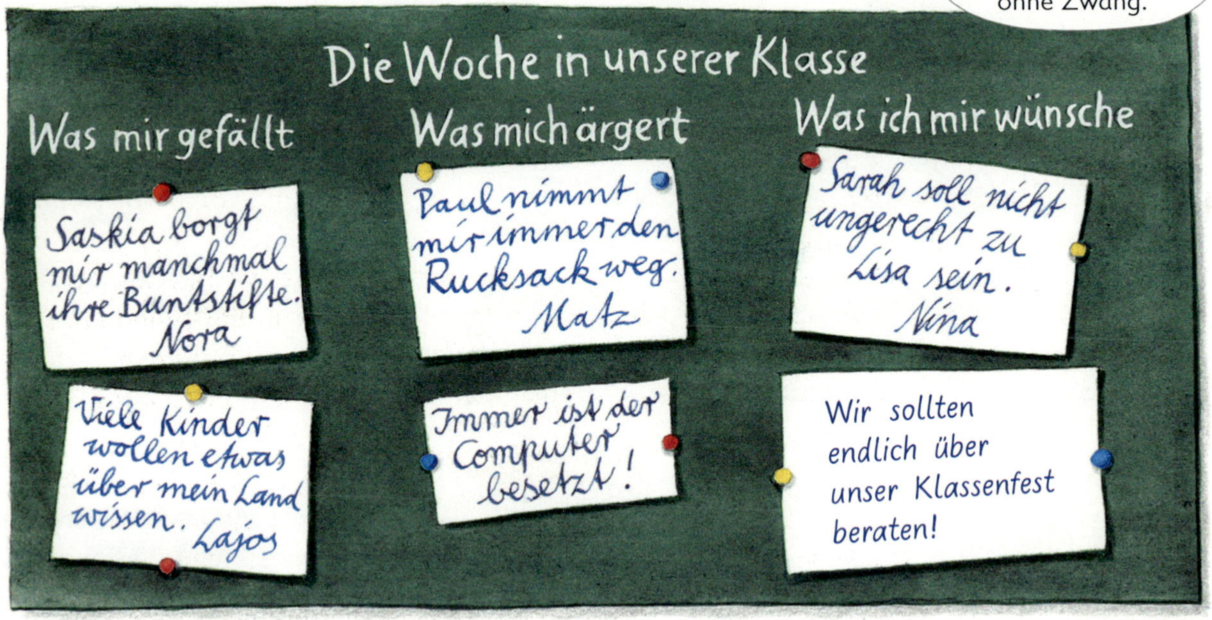

Am Ende der Woche tagt der Klassenrat.

1 Diskutiert, welche Aufgaben die Kinder im Klassenrat haben.

Die Klassen- und Schulgemeinschaft mitgestalten (Konzepte, Traditionen, Feste); Verantwortung übernehmen: in Schülervertretungen, im schulischen Zusammenleben; …

Jeder kann seine Meinung sagen.
Am besten geht es mit der Fünf-Finger Methode.

Ein Gespräch leiten

- Bitte um Wortmeldungen.
- Notiere die Namen der Kinder in der Reihenfolge, wie sie sich melden.
- Gib einem nach dem anderen das Wort.
- Achte darauf, dass nicht mehrere zugleich reden.
- Mit einer kleinen Glocke kannst du um Ruhe bitten.

Viele Kinder melden sich daraufhin zu Wort. Ein Kind schreibt das Protokoll.

Protokoll des Klassenrates vom 4.5.
Protokollant: Gero Hellmann
1. Überprüfen der Vereinbarungen aus dem Protokoll vom 3.4.
2. Ideen zum Thema Klassenfest
   a) In Gruppen Programm vorbereiten
   b) Gäste einladen
   c) Eltern sollen Spiele vorbereiten
   d) …

Thema Klassenfest
heute
Abstimmung: 24 Kinder
- Vorschlag a) 19 Kinder ja
- Vorschlag b) 18 Kinder ja
- Vorschlag c) 3 Kinder ja, 20 Kinder nein

Beschluss: Vorbereitung des Programms in Gruppen, Fest mit Gästen

2 Lest das Protokoll. Was wurde diskutiert und beschlossen?

… seinen Anteil an der Gestaltung des Schullebens einbringen, Verantwortung übernehmen; zu ausgewählten Themen diskutieren

Schule anderswo

Australien: Meine Schule ist 1000 km von unserer Farm entfernt. Deshalb lerne ich zu Hause. Mutti hilft mir dabei. Täglich spreche ich über ein „two-way radio“ (Funk) eine halbe Stunde mit meiner Lehrerin. Sie schickt mir in einer E-Mail Aufgaben, die ich löse und ihr dann zurücksende. Meine Mitschüler, die auch so lernen, treffe ich nur ab und zu in der Schule bei unseren Familientreffen.

Emily

China: Bei uns beginnt die Schule mit Frühsport. Alle machen die Übungen mit. Dann sind wir fit für den Unterricht. In meiner Klasse sind 52 Kinder. Unser Schultag dauert von 7.30 Uhr bis 16.00 Uhr, mittags sind zwei Stunden Pause. Es ist ziemlich schwer, chinesisch zu schreiben. Wir haben mehr als 50 000 Schriftzeichen. Das Wort „Schule“ besteht aus 2 Zeichen.

Yan-Yin

USA: Bei uns dauert die Grundschulzeit 6 Jahre. Ich bin jetzt sieben und in der 3. Klasse. In meiner Klasse sind 25 Kinder. Ich mag besonders Mathematik und Sport, da habe ich ein **A**, das ist: sehr gut. **B** bedeutet: gut … und so weiter, **F** heißt: nicht bestanden. Mein Lieblingssport ist Baseball. In unserer Schulmannschaft bin ich Schlagmann und Läufer.

Michael

1 Betrachte die Bilder. Lies die Texte. Vergleiche mit deiner Schule.

★ Suche die Länder im Atlas.

Das eigene Schulleben mit dem in anderen Ländern vergleichen, dabei Schulstrukturen und Lernbedingungen berücksichtigen; …

AH S.4

Großbritannien: Hallo, mein Name ist Jack.
Ich bin 7 Jahre alt. Ich wohne in London.
Das ist die Hauptstadt von Großbritannien.
Ich bin mit 5 Jahren in die Schule gekommen
und gehe jetzt in die 3. Klasse.
Hier seht ihr meinen Stundenplan:

in Englisch

Time	Monday	Tuesday	Wednesday	Thursday	Friday
9.05–9.30	Mental Maths	Mental Maths	Mental Maths	ICT	Assembly
9.30–10.15	Maths	Maths	Maths	Mental Maths	Maths

in Deutsch

Uhrzeit	Montag	Dienstag	Mittwoch	Donnerstag	Freitag
9.05–9.30	Kopfrechnen	Kopfrechnen	Kopfrechnen	Informatik	Versammlung
9.30–10.15	Mathe	Mathe	Mathe	Kopfrechnen	Mathe
10.15–10.45	Versammlung	Versammlung	Versammlung	Versammlung	Mathe
10.45–11.00	Pause				
11.00–12.00	Englisch	Englisch	Deutsch	Englisch	Deutsch
12.00–12.30	Bücherkiste	Rechtschreibung	Kreisgespräch	Schreiben	Handschrift
12.30–13.30	Mittagessen				
13.30–14.30	Informatik	Geschichte	Kunst	Lesen	Sachunterricht
14.30–15.15	Sachunterricht	Sport	Musik	GE*	Sport

*GE bedeutet Gesundheitserziehung.

Wir sind 33 Kinder in der Klasse.
Mein Lieblingsfach ist Geschichte.
Versammlungen gibt es in der Schule
und in der Klasse.
Zur Schulversammlung treffen sich
regelmäßig alle Kinder. Wir singen,
beten oder hören Geschichten.
In der Klasse besprechen wir alle
wichtigen Dinge des Schultages,
zum Beispiel den Streit von Jessica und
Charlie oder das Klassenfest nächste Woche.

2 Betrachte den Stundenplan.
Finde Gemeinsamkeiten und Unterschiede zu deinem Schultag.

★ Informiert euch über die Schule in weiteren Ländern. Sprecht darüber.

Eine Meinung äußern

Was haltet ihr von einem Benimmkurs für Kinder?

Du hast das Recht, deine Meinung frei zu äußern. Oft sagst du dann: „Ich meine …“, „Ich denke …“, „Ich finde …“, „Meiner Meinung nach …“. Manchmal änderst du auch deine Meinung: zum Beispiel, wenn dich Meinungen von anderen zum Nachdenken bringen oder wenn du Neues aus dem Fernsehen oder der Zeitung erfährst.

1 Bei einem Meinungsstreit solltest du Regeln beachten. Ergänze noch:
- Äußere deine Meinung kurz und für andere verständlich.
- Begründe deine Meinung, zum Beispiel mit einem Weil-Satz.
- Kränke oder verletze andere nicht mit deinen Äußerungen.
- Höre anderen genau zu. Prüfe die Meinung anderer kritisch.
- …

Aus der Vereinbarung der UNO über die Rechte der Kinder:
Jedes Kind, das fähig ist, sich eine eigene Meinung zu bilden, hat das Recht, seine Meinung frei zu äußern. Nach Alter und Reife des Kindes sollte seine Meinung berücksichtigt werden.

Formen der Gesprächsführung über Rituale guten Benehmens selbstständig anwenden; diskutieren, eine eigene Meinung äußern, Standpunkt begründen

S. 4

Im Herbst

Wie verändern sich im Herbst die Pflanzen, die Tiere und das Wetter?
Warum wird es im Herbst jeden Tag früher dunkel?
Warum kann ein Hurrikan so große Schäden anrichten?

Ein Park im Herbst

Im Lebensraum Park leben viele verschiedene Pflanzen und Tiere zusammen. Besucher des Parks erfreuen sich an der schönen, vielfältigen Natur. Wenn sich die Laubblätter der Bäume färben, ist der Herbst da.

Warum färben sich die Blätter und fallen ab?
Im Sommer nehmen die Blätter der Laubbäume viel Licht auf. Das geht nicht ohne Blattgrün – einen grünen Farbstoff in ihren Blättern. Mit Licht, Luft und Wasser können die Bäume nun Nährstoffe bilden und wachsen.
Im Herbst stellen sich die Bäume auf ihre Winterruhe ein. Sie entziehen ihren Blättern das wichtige Blattgrün und speichern seine Bausteine in Ästen und Stämmen. Für kurze Zeit sind in den Blättern nun andere Farbstoffe sichtbar – erst Rot, dann Gelb.
Die Blätter färben sich bunt. Schon ab August bildet sich am unteren Rand jedes Blattstieles auch eine Trennschicht aus Kork.
Sie verschließt die Zweige. Ein Windstoß nur, und die Blätter fallen ab.

Was plumpst da von Bäumen und Sträuchern?
Im Sommer bilden sich an den Kastanienbäumen stachlige Kugeln. In jeder Kugel wachsen ein bis zwei Samen heran. Die Hüllen platzen auf und fallen zu Boden. Beim Aufprall rollen die braunen, glänzenden Samen oft aus den Stachelhüllen.
Auch Eicheln purzeln vom Baum.
Und die ölhaltigen Haselnüsse weht der Wind vom Haselstrauch.

1 Beobachte von September bis November einen Baum oder einen Strauch oder ein Kraut.
Führe ein Protokoll.
Erstelle dazu eine Tabelle.

Name des Baumes	Veränderung	Begründung

Zum Einfluss des Wetters auf das Leben der Pflanzen Vermutungen äußern, diese erklären; Langzeitbeobachtung in der Jahreszeit Herbst durchführen

AH S.5

Wie die Pflanzen stellen sich auch die Tiere im Herbst auf den Winter ein.
Jedes Tier bereitet sich auf seine Weise vor.

Sich an Signalwörtern orientieren

- Lies die Signalwörter. Sie sind fett gedruckt.
- Schreibe dazu wichtige Aussagen auf.
- Notiere selbst Signalwörter.

Eichhörnchen
Im Herbst sucht das Eichhörnchen im Park Nüsse, Eicheln und Bucheckern. Eifrig springt es umher, um die Früchte zu sammeln und als **Wintervorrat** unter Laub oder im Erdboden zu verstecken.
Im Winter ruht das Tier in seinem Kobel. Es wird nur manchmal wach, um auf **Nahrungssuche** zu flitzen. Ob es die Früchte und Samen wiederfindet?

Igel
Im Sommer und im Herbst frisst sich der Igel einen dicken **Winterspeck** an. Er sucht Regenwürmer, Schnecken, Käfer und Spinnen. Spätestens im November zieht er sich in sein frostsicheres **Winterquartier** zurück und fällt bis in den April hinein in einen langen Winterschlaf.

Wespe
Das Leben einer Wespe ist kurz, denn sie lebt nur einen Sommer. Beim ersten Frost im Herbst stirbt sie. Nur **Jungköniginnen** überwintern in frostsicheren, engen Ritzen. Ab Mitte April sind Wespen wieder bei der Nest- und Nahrungssuche zu beobachten.

Grasmücke
Der winzige Singvogel, mit 13 cm Länge gerade so groß wie eine Computermaus, fliegt im Herbst einen 10 000 km langen Flugmarathon nach Süden bis in sein **Winterquartier** in Afrika. Dafür braucht die kleine Grasmücke viel Kraft. Sie frisst Insekten, Larven, Spinnen und Schnecken, aber auch Beeren und Früchte. Erst im Mai kehrt der Zugvogel zurück.

2 Halte einen Vortrag über Tiere im Herbst. Nutze dazu Signalwörter.

Zum Einfluss des Wetters auf das Leben der Tiere Vermutungen äußern, diese erklären; Langzeitbeobachtung in der Jahreszeit Herbst durchführen

AH S. 6, 7

S. 4, S. 5

Tagbogen in den Jahreszeiten

Die Sonne beschreibt am Himmel jeden Tag aufs Neue scheinbar einen Bogen, das nennt man Tagbogen der Sonne.
Tatsächlich bewegt sich die Erde um sich selbst – einmal in 24 Stunden.
Dabei erreichen die Sonnenstrahlen nach und nach immer einen Teil der Erde.
Dort ist Tag. Wo die Strahlen nicht hinkommen, ist Nacht.

1 Experimentiert mit Globus und Taschenlampe: Wie trifft das Licht der Sonne die Nordhalbkugel?

Im Herbst siehst und spürst du: Morgens wird es später hell, abends früher dunkel. Die Sonne wärmt weniger. Nachts ist es kühler. Aber weshalb?

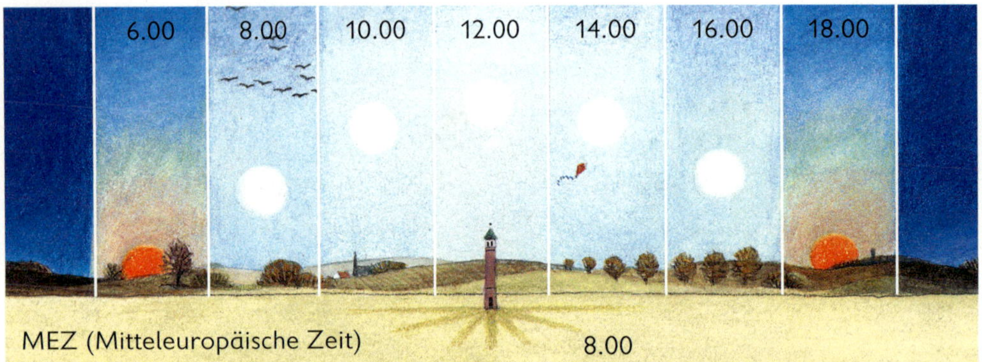

Der Herbst beginnt am 23. September, Tag und Nacht sind gleich lang. Jetzt werden die Tage kürzer, die Nächte länger. Die Sonne steht mittags jeden Tag tiefer am Himmel. Ihre Strahlen treffen Tag für Tag schräger auf die Erde. Land und Ozeane kühlen ab.

Der Winter fängt am 21. Dezember an. Es ist der kürzeste Tag und die längste Nacht. Nach diesem Tag, der Wintersonnenwende, werden die Tage wieder länger. Sie sind aber noch kürzer als die Nächte. Die Sonne steht mittags Tag für Tag etwas höher, sie wärmt noch wenig. Land und Ozeane bleiben kühl.

Jahreszeitliche Veränderungen der Temperatur in Abhängigkeit vom Stand der Sonne (Tagbogen der Sonne) beobachten und beschreiben; …

AH S.8

S. 2

Schau nach der Sonne: Im **S**üden nimmt sie ihren Lauf.

Im **O**sten geht die Sonne auf.

Im **W**esten wird sie untergehn.

Im **N**orden ist sie nie zu sehn.

Grafische Bilder vergleichen

- Betrachtet alle Bilder der Tagbögen.
- Vergleicht die Tagbögen. Findet Gemeinsamkeiten und Unterschiede.
- Sucht Informationen: Wie lange scheint die Sonne? Wann steht sie am höchsten? …

Himmelsrichtungen: Norden (N), Süden (S), Westen (W), Osten (O).

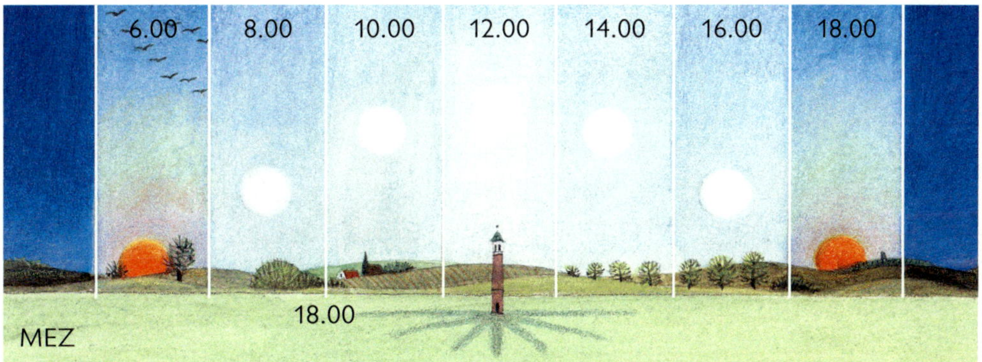

Der Frühling beginnt am 21. März, Tag und Nacht sind wieder gleich lang. Nun werden die Nächte wieder kürzer, die Tage länger. Die Sonne steht mittags jeden Tag höher, ihre Strahlen treffen steiler auf die Erde. Langsam erwärmen sich Boden und Ozeane.

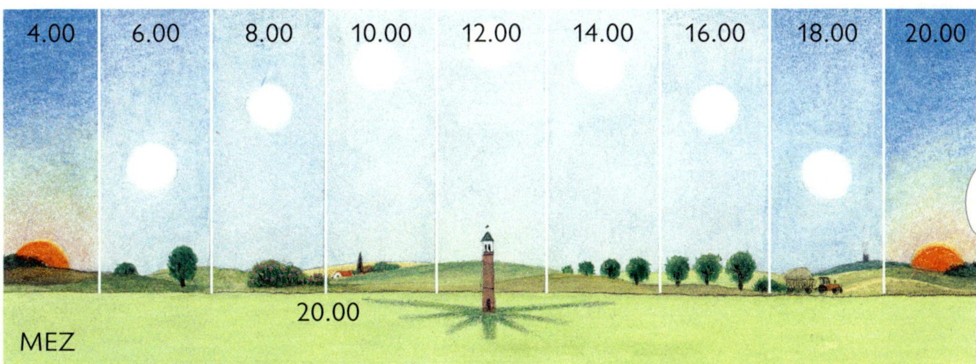

Der Sommer fängt am 21. Juni an. An diesem Tag scheint die Sonne am längsten, es ist die kürzeste Nacht. Nach diesem Tag, der Sommersonnenwende, werden die Tage wieder kürzer und die Nächte länger. Da die Sonne täglich etwas weniger hoch steht, bringt sie noch viel Wärme. Land und Ozeane kühlen nur langsam ab.

Im Herbst wird es kälter ...

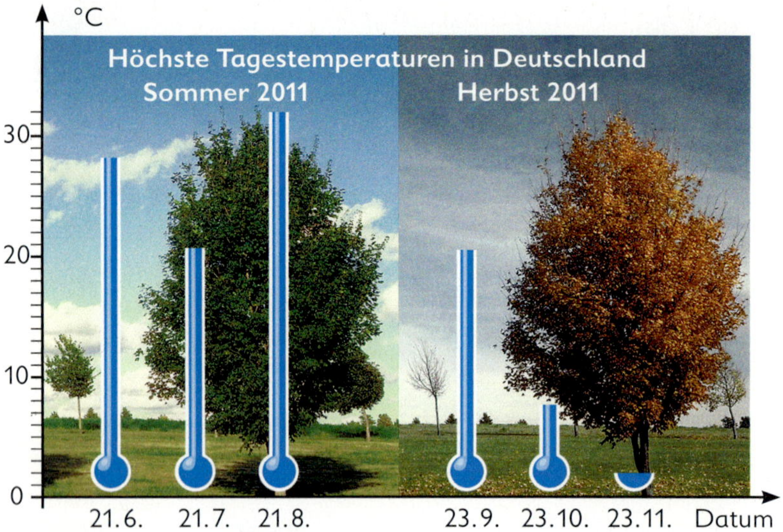

Säulendiagramm lesen

- Betrachte die Bilder.
- Lies die Texte.
  Was zeigen die Pfeile?
- Werte jede Säule aus:
  Nenne Datum, Monat, Jahreszeit und Temperatur.
- Vergleiche Sommer 2011 und Herbst 2011.

Luft kann sich erwärmen und abkühlen. Deshalb steigt oder sinkt die Lufttemperatur. In Deutschland werden Lufttemperaturen täglich in fast 2 600 Wetterstationen gemessen. Alle Werte werden in Tabellen geschrieben und in Diagrammen dargestellt. Nun kann man genau vergleichen: Welche Temperatur wurde zu welcher Zeit und an welchem Ort gemessen?

Der Schwede Anders Celsius konstruierte 1742 ein Thermometer mit einer Gradeinteilung (Skala). Die Skala wurde später nach ihm benannt. Heute bezeichnet man:
- den Punkt, wo Wasser zu Eis wird, als 0 Grad,
- den Punkt, wo Wasser siedet, als 100 Grad.

1 Was stellt das Säulendiagramm oben dar?

2 Das Diagramm zeigt: Die Lufttemperaturen sinken im Herbst weiter ab.
Versuche zu begründen. Lies noch einmal auf Seite 16 nach.

Temperaturen im Herbst vergleichen

- Messt dazu Temperaturen stets zur gleichen Zeit oder entnehmt sie dem Wetterbericht aus einer Zeitung, aus dem Fernsehen, dem Rundfunk oder ...

Füllt eine solche Tabelle aus: Gebt die Temperaturen in Grad Celsius (°C) an.

Datum	Temperatur
15.9.	18 °C
23.9.	14 °C
23.10.	13 °C
23.11.	9 °C

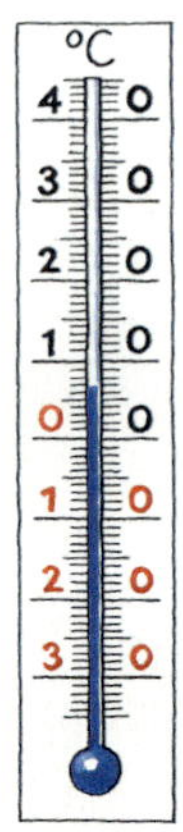

Jahreszeitliche Veränderungen der Temperaturen feststellen; Vermutungen zu Ursachen der Wetterveränderungen prüfen, diskutieren; Wetterbeobachtungstabelle anfertigen
AH S.8
S.6

… und windiger

Im Herbst lässt oft ein kräftiger Wind Blätter tanzen und Bäume rauschen. Er jagt Wolken oder peitscht den Regen. Mal spüren wir Wind als laues Lüftchen, mal hören wir ihn als heulenden Sturm. Manchmal ist es windstill. Wind ist eine Luftbewegung in eine bestimmte Richtung.
Warum bewegt sich Luft? Wenn zum Beispiel die Sonne in einem Gebiet die Luft erwärmt, steigt dort die warme Luft auf. Ist es dann in Gebieten daneben bewölkt und die Luft dort kühl, sinkt sie zu Boden. Die kühlen Luftmassen strömen dann am Boden dorthin, wo warme Luft aufgestiegen ist.

Die Windrose gibt Windrichtungen an: Nord (**N**), Ost (**O**), Süd (**S**), West (**W**).

Windrichtungen: Woher weht der Wind und wohin weht er?

von West nach Ost

von Ost nach West

von Süd nach Nord

von Nord nach Süd

Der englische Seefahrer Francis Beaufort legte 1806 eine Windskala mit 12 Windstärken an.

Bezeichnung	Windgeschwindigkeit	Auswirkung im Inland	Auswirkung auf See
Windstärke 5 frische Brise	29–38 Kilometer pro Stunde	kleine Bäume schwanken	mäßig lange Wellen mit Schaumkämmen

Solche Symbole für Windstärken und Windrichtungen verwenden wir heute.

0 windstill
Rauch steigt steil empor, Blätter bewegen sich nicht.

3 schwacher Wind
Blätter und dünne Zweige bewegen sich leicht.

4 mäßiger Wind
Blätter und Äste bewegen sich, Staub wirbelt auf.

6 starker Wind
Bäume bewegen sich, Blätter, Dinge wirbeln hoch.

9 Sturm
Äste brechen, Ziegel fallen von den Dächern.

Wer in Wolken „lesen“ kann, weiß, wann Regen kommt

Wolken sind Gebilde aus winzigen Wassertröpfchen oder aus Eis. Der Herbst bringt viele Wolken von den Ozeanen zu uns. Täglich sind andere Wolken zu sehen. Ihre Formen und Farben verwandeln sich ständig – mal sind es graue Berge, mal weiße Schleier. Wolken sind Wetterboten.

Federwolken aus Eis stehen hoch am Himmel. Sie sehen wie Schleier oder Flecken aus. Oft kündigen sie schlechtes Wetter an. Sind sie zerfasert, dann herrscht heftiger Wind.

Schichtwolken aus Eis und Wassertröpfchen stehen mittelhoch am Himmel. Sie bringen viel Niederschlag. Scheint die Sonne durch sie hindurch, sieht diese aus wie eine Scheibe.

Weiße Haufenwolken zeigen: Schon früh schien die Sonne. Erwärmte Luft stieg auf und kühlte dabei ab. Bei hoher Luftfeuchtigkeit bildeten sich Tröpfchen – Schönwetterwolken.

Regenwolken breiten sich als mächtige dunkle Wolken aus. Sie bringen Niederschläge. Eine drohende schwarze Wolkenwand warnt: Es kann heftige Windböen geben, und es kann hageln.

Symbole für die Bewölkung

○ wolkenlos	◔ heiter	◑ wolkig	◕ stark bewölkt	● bedeckt
Der Himmel ist blau oder sternenklar.	Nur wenige Wolken sind zu sehen.	Wolken und klarer Himmel sind etwa gleich verteilt.	Wolken bedecken fast den gesamten Himmel.	Wolken bedecken den Himmel vollständig.

Wetterelemente kennen und benennen: Bewölkung (wolkig, stark bewölkt …); Bewölkung beobachten, über symbolische Darstellung reflektieren

S. 3

In den Wolken fliegen winzige Wassertröpfchen ständig hin und her. Sie stoßen zusammen und bilden mit anderen Tröpfchen oder Eis schwerere Tropfen oder Eiskristalle. Dann fallen sie nach unten. Werden sie dabei noch schwerer, fallen sie aus der Wolke. Wenn dann die Lufttemperatur unter der Wolke über 0 °C liegt, fällt Regen auf die Erde. Liegt die Temperatur unter der Wolke unter 0 °C, dann fällt Schnee. Schneeflocken bestehen aus Eiskristallen.

Regen

Eine Gewitterwolke quillt schnell zu einem riesigen Turm auf. In ihr jagen orkanartig Winde auf und ab. Sie tragen Wassertröpfchen mit sich. Diese vereisen hoch in der Wolke und fallen als Eiskörnchen wieder herab. Immer mehr Tröpfchen kleben an, die Eiskörner werden größer und schwerer. Von Blitz und Donner begleitet, stürzt dann in großen Tropfen heftiger Regen herab, oft auch Hagel. Hagelkörner aus Eis können so groß werden wie Murmeln, Taubeneier oder sogar Tennisbälle.

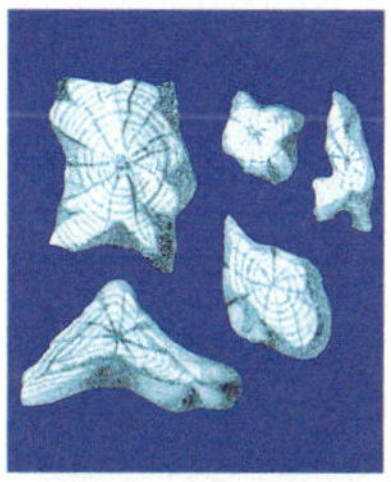

Hagelkörner

Eiskristall

Wenn tagsüber die Luft trocken ist und nachts stark abkühlt, dann sind Pflanzen und Autos morgens oft mit Wassertröpfchen bedeckt. Das ist Tau. Fällt die Temperatur nachts aber unter 0 °C, kann alles mit kleinen Eiskristallen überzogen sein. Das ist Reif. Gibt es morgens Tau oder Reif, ist die Luft trocken. Meist folgt dann ein sonniger Tag.

Tau

Nebel ist eine Wolke, die am Boden liegt. Unzählige feine Wassertröpfchen bilden dort einen dichten Schleier.

Regen, Schnee, Tau, Reif und Hagel sind Niederschläge.
Gewitter und Nebel sind Wettererscheinungen.

Reif

Symbole für Niederschläge und Wettererscheinungen

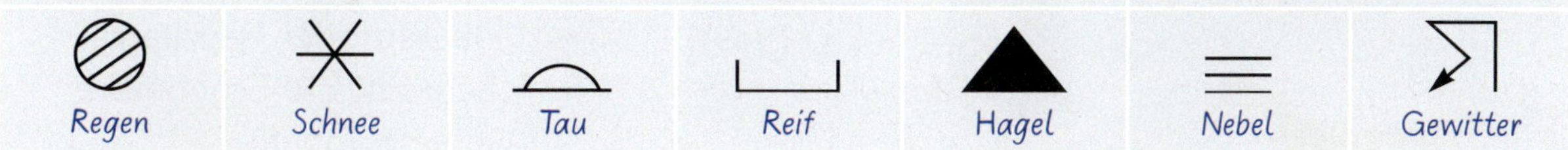

Das Wetter beobachten und vorhersagen

Früher schrieben vor allem Bauern und Seeleute Wetterbeobachtungen auf. Beobachtungen, die über Jahre ähnlich waren, dienten als Wettervorhersagen. Sie sind als Wetter- oder Bauernregeln bekannt. Oft trafen sie zu, oft aber auch nicht.
Heute kann das Wetter mit einiger Sicherheit für etwa drei Tage vorausgesagt werden.
Für Wetterbeobachtungen könnt ihr Hilfsmittel nutzen:

So könnt ihr damit Wetterbeobachtungen durchführen:

Das Wetter beobachten

- Beobachtet und misst im Freien täglich zur gleichen Zeit: Temperatur im Schatten (in etwa 1 m Höhe), Bewölkung, Wind, Niederschlag, Sonnenaufgang, Sonnenuntergang.
- Seht morgens nach, ob Tau oder Reif liegt.
- Schreibt die Ergebnisse in eine Tabelle.

Wetter in allen vier Jahreszeiten beobachten, dazu selbst gebaute Geräte nutzen

AH S.8

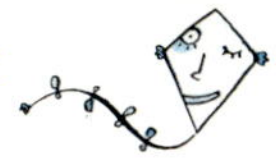

Wettertabelle im Herbst					
Datum	10.10.	11.10.	12.10.	13.10.	14.10.
Uhrzeit	12.00	12.00	12.00	12.00	12.00
Temperatur in °C	11	13	12	5	4
Bewölkung	●	◑	◔	○	○
Niederschlag	◍			⌓	⌓
Windstärke Windrichtung	○—	○ǀ	○ǀ	○	○
Sonnenaufgang 🕘	7.36	7.38	7.40	7.42	7.44
Sonnenuntergang 🕘	18.41	18.39	18.37	18.35	18.33

Eine Wettertabelle führen

- Richte die Tabelle für 5 Tage ein. Beschrifte den Tabellenkopf: Überschrift, Datum, Uhrzeit. Fülle die erste Spalte aus.
- Lege eine Übersicht mit Wettersymbolen bereit.
- Trage deine Beobachtungen täglich ein.

1 Führe eine solche Tabelle in jeder Jahreszeit. Beschreibe das Wetter. Vergleiche deine Beobachtungen mit Wetterberichten für eure Region.

Das Wetter auf der Erde wird vor allem von der Sonne, der Luft und dem Wasser beeinflusst. Wissenschaftler aus aller Welt, die das Wetter beobachten und auswerten (Meteorologen), tragen dazu Informationen zusammen. Sie nutzen dafür moderne Technik.

Satelliten senden vom Weltraum Bilder, die Wolkenbewegungen über allen Erdteilen zeigen.

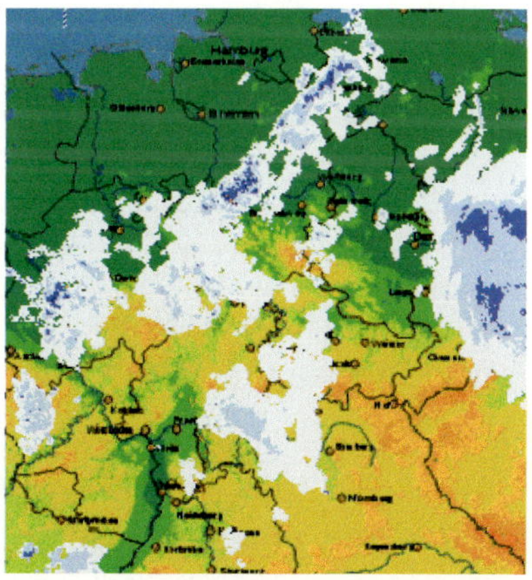

Radarbilder zeigen die Menge von Niederschlägen in einem bestimmten Gebiet.

In vielen Wetterstationen wird weltweit gleichzeitig das aktuelle Wetter beobachtet und gemessen.

Aus allen Informationen ermitteln Computer, wie sich das Wetter entwickeln kann. Du kannst den Wetterbericht für deinen Ort in Zeitungen, im Fernsehen, im Internet … nachlesen.

Wie der Luftdruck wirkt

Du bist von Luft umgeben, atmest sie ein und aus. Auch Wind spürst du. Luft ist ein Gemisch aus verschiedenen Gasen, die ein Gewicht haben.

Der italienische Wissenschaftler Galileo Galilei fand heraus, dass ein Liter Luft 1,3 Gramm wiegt. Das scheint wenig zu sein, doch die Lufthülle der Erde ist etwa 100 km dick. So drücken 5 500 kg Luft auf deinen Körper.

So viel etwa wiegt ein Afrikanischer Elefant. Du spürst diesen Druck aber nicht, denn in deinem Körper herrscht ebenfalls ein Druck. Der ist so groß wie der Luftdruck außen.

Wie Luftdruck wirkt

Du brauchst:
- ein Glas
- ein Stück Pappe (so groß wie ein Bierdeckel)
- Wasser
- eine große Schüssel

Gehe so vor:
- Fülle das Glas randvoll mit Wasser.
- Lege die Pappe auf das Glas. Halte sie fest. Drehe das Glas über der Schüssel um.
- Lass die Pappe los.

Erkläre das Versuchsergebnis.

Dass Luft einen Druck ausübt, bewies im Jahre 1656 der Magdeburger Otto von Guericke mit einem Versuch. Er ließ zwei Halbkugelschalen aus Metall zu einer Kugel zusammen setzen und mit einer Pumpe die Luft aus dem Hohlraum pumpen. So entstand in der Kugel ein luftleerer Raum, ein Vakuum. An den Kugelhälften waren Seile befestigt. Auf Kommando zogen 16 Pferde nach zwei Seiten an der Kugel. Doch die Kugel ließ sich nicht auseinander ziehen. Erst als ein Kind das Ventil an der Kugel öffnete, fielen die Kugelhälften auseinander.

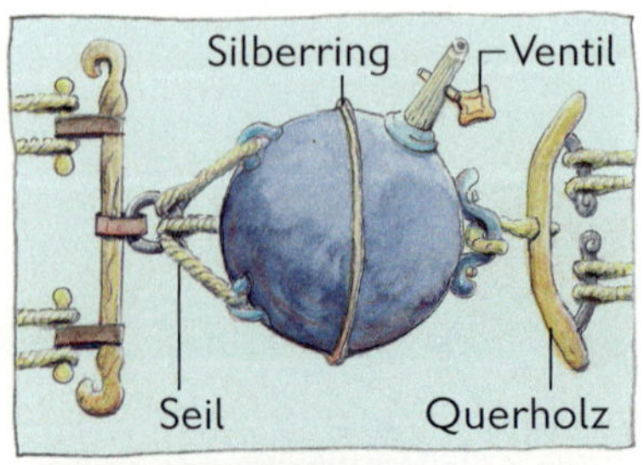

Luftdruck und die Wirkung des Luftdrucks auf den luftleeren Raum (Vakuum) erkunden, Gesetzmäßigkeit in Verbindung zu historischen Beispielen setzen

AH S.10

Den Luftdruck kann man mit einem Barometer messen: mit einem Flüssigkeitsbarometer, einem Dosenbarometer, einem digitalen Barometer …
Beim Dosenbarometer ist am Boden des Gehäuses eine luftleer gepumpte Dose befestigt. Die Dose ist mit einer gebogenen Feder und einem Zeiger verbunden. Verändert sich der Luftdruck, verformt sich die Dose: Der Dosendeckel wird zusammengedrückt, wenn der Luftdruck steigt. Er dehnt sich aus, wenn der Luftdruck sinkt. Die Bewegung überträgt sich auf die Feder und den Zeiger.

Ein Barometer bauen

Ihr braucht:
- ein Marmeladenglas
- einen Luftballon
- zwei Gummiringe
- schmales Klebeband
- einen kurzen Holzspieß
- Pappe (6 cm mal 10 cm)
- ein Holzklötzchen (6 cm hoch)
- Schere, Lineal, Stift

Geht so vor:
- Schneidet aus dem Luftballon ein großes Stück heraus.
- Spannt es mit 2 Gummiringen fest auf die Öffnung des Glases.
- Befestigt das stumpfe Ende des Holzspießes mit Klebeband auf dem Luftballonstück.
- Fertigt die Skala nach der Vorlage an.

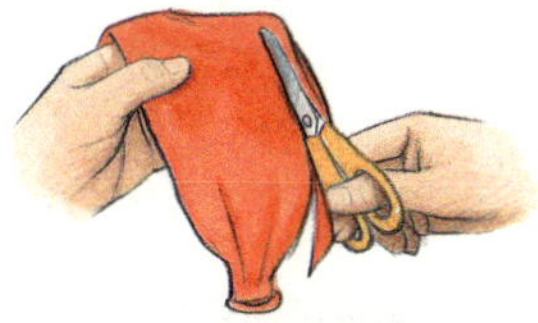

Mit Hilfe des Barometers kannst du das Wetter vorhersagen, denn der Luftdruck schwankt.

1 Beobachte: Wie wird das Wetter:
- wenn der Luftdruck steigt?
- wenn der Luftdruck sinkt?

★ Lege eine Tabelle für 14 Tage an.
Beobachte an jedem 3. Tag das Wetter.
Trage ein:
Luftdruck steigt sinkt
Vergleicht eure Ergebnisse.

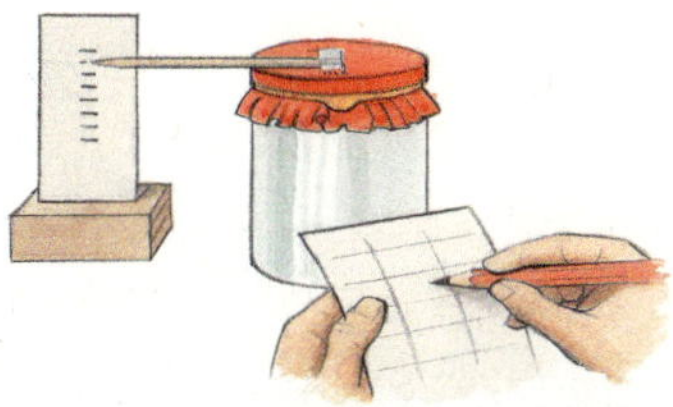

Datum	*Luftdruck*	*Wetter*

Wetter extrem

Extrem nennen wir Wetterereignisse, die vom sonst üblichen Wetter abweichen: Stürme mit hohen Windgeschwindigkeiten, die ganze Landstriche verwüsten, die in kurzer Zeit Häuser, Straßen und Bäume vereisen lassen oder die riesige Sandmengen durch die Luft tragen, faustgroße Hagelkörner, die aus den Wolken fallen, Regen, der riesige Flächen unter Wasser setzt und Schlammlawinen auslöst. Auch sehr hohe und sehr niedrige Lufttemperaturen gehören dazu.
Tropische Wirbelstürme entstehen über warmen tropischen Ozeanen. Ihre Namen deuten auf Gegenden, wo sie entstehen.

Wetter extrem
- Schwere Gewitter
- Starke Kälte/Frost
- Hitzewellen
- Starke Regenfälle
- Blitzhochwasser
- Schnee-, Sand- und Wirbelstürme
- Blizzard, Blitzeis

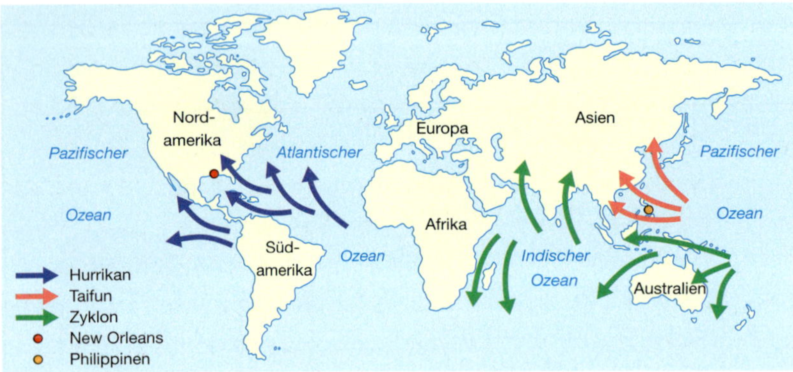

Wirbelstürme
Atlantischer Ozean: Hurrikan
Indischer Ozean: Zyklon
Pazifischer Ozean (Westteil): Taifun

Ein Hurrikan entsteht

Wenn über dem Ozean sehr viel feuchte Luft aufsteigt, kann sich eine spiralförmige Sturmwolke bilden.
Sie dreht sich um sich selbst und kann sich bis zu 100 km ausdehnen.
In der Mitte der Sturmwolke, dem „Auge“, ist es nahezu windstill.
An den Rändern des „Auges“ entladen sich heftige Gewitter. Dort herrschen mit 150 bis zu 300 km in der Stunde die größten Windgeschwindigkeiten, es fallen riesige Regenmengen. Treibt ein solcher Wirbelsturm landeinwärts, bringt er oft gewaltige Schäden und Leid: zerstörte Häuser und Felder, zertrümmerte Fabriken, schwere Überschwemmungen und Todesopfer.

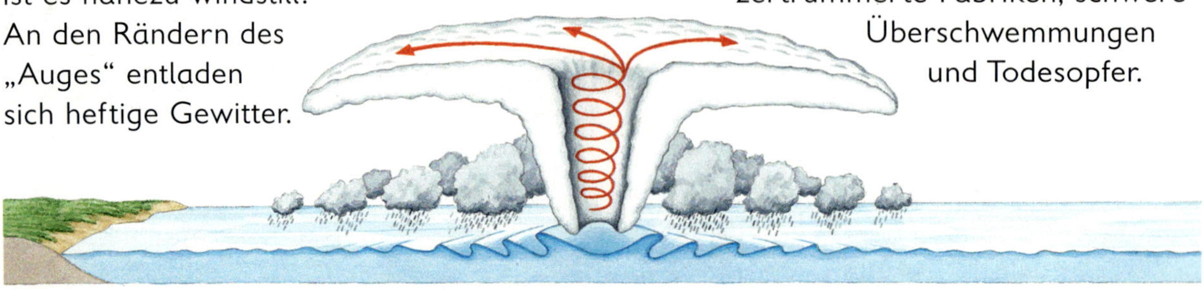

1 Informiere dich über extremes Wetter und seine Folgen in Thüringen.

Extreme Wettererscheinungen (Hurrikan) und mögliche Folgen (Hochwasser, anhaltende Dürreperioden) beschreiben; sich über Wetter in Medien informieren

Die Stadt New Orleans in Lousiana, USA, liegt in einer Senke. Kanäle und Deiche schützen sie nach drei Seiten hin vor dem Wasser: zum Golf von Mexiko, zum Fluss Missisippi und zum Pontchartrain-See. Im Jahr 2005 brauste der Hurrikan Katrina über die Stadt. Als die Kanäle brachen, strömte Wasser aus dem See ins Zentrum und stieg auf 7,60 m an. Regenfälle überfluteten Straßen, rissen Autos und Häuser hinweg. 1800 Menschen starben.

Ein Tornado (Windhose) entwickelt sich aus extrem schnellem Wind, der in Gewitterwolken aufsteigt und abfällt. Beim Fallen beginnt er sich zu drehen und bildet einen Rüssel, der sich bis zum Erdboden ziehen kann. Tornados gibt es sogar in Thüringen, sie sind aber bisher nicht so gefährlich wie tropische Tornados. Sie knicken Zäune um, wirbeln Gartenmöbel herum, reißen Äste von den Bäumen oder stürzen Bäume um. Wissenschaftler befürchten, dass die Temperaturen weltweit ansteigen und in einigen Jahren auch in Deutschland zu Hitzewellen, stärkeren Stürmen und Niederschlägen führen könnten.

Im Juni 2003 gab es im Saale-Holzland-Kreis und um Jena innerhalb von nur 5 Stunden zwei schwere Hagelunwetter. 5 bis 7 cm große Hagelkörner fielen herab. Sie zerstörten Felder, Gärten und Dächer, vernichteten auf einem Obstgut die Obsternte, entlaubten Bäume und beschädigten tausende Autos. An manchen Stellen lag der Hagel zentimeterhoch.

★ Finde heraus, wie New Orleans nach dem Hurrikan verändert wurde. Nutze Medien.

2 Informiert euch in Medien, warum in einigen Gebieten der Erde extreme Wassernot (Dürre) herrscht.

Gesund durch den Herbst

Im Herbst ist es morgens schon recht kalt. Bei Sonnenschein wird es mittags warm, aber abends kühlt es rasch wieder ab. Damit dein Körper Krankheiten abwehren kann, musst du ihn jetzt besser schützen. Dazu solltest du deine Kleidung jeweils dem Wetter anpassen.

Tagsüber scheint die Sonne auch nicht mehr so lange. Das schwächt den Körper. Um ihn zu stärken, brauchst du jeden Tag frisches Obst und Gemüse und viel Bewegung im Freien:

Kleidung dem Wetter anpassen

- Lies den Wetterbericht. Beachte Niederschläge und Temperaturen.
- Wähle danach Kleidung aus: Pullover, Schuhe, Regenkleidung, T-Shirt …
- Entscheide, wie du deine Kleidung kombinierst, wenn sich das Wetter am Tag mehrmals ändert.

Gummistiefelwettlauf
Ihr braucht 4 Paar Gummistiefel.
Jedes Kind trägt zwei Paar Stiefel: eines an den Füßen und eines an den Händen.

Naturmemory
Sammelt Rinde, Zapfen, Blätter und Früchte.
Ihr braucht stets zwei Dinge der gleichen Art.
Legt alles auf den Boden.
Jeder tastet vier Teile mit geschlossenen Augen ab und beschreibt sie.
Was könnte das sein?
Wer zwei gleiche Teile findet und sie benennt, darf noch einmal raten.
Sonst ist der Nächste dran.

★ Sammelt für den Herbst Ideen zum Spielen im Freien.
Spielt sie mit jüngeren Kindern in den Pausen.

Den Einfluss des Wetters auf das Leben der Menschen erklären; sich witterungsangepasst kleiden und verhalten

Von Oktober bis Dezember ist es morgens auf dem Weg zur Schule noch dunkel, manchmal auch neblig. Und wenn du nachmittags vom Spielen nach Hause gehst oder mit dem Fahrrad fährst, setzt schon die Dämmerung ein. Jetzt musst du besonders aufmerksam und vorsichtig sein. Fußgänger, Radfahrer und Autofahrer müssen vor allem auf das rasch wechselnde Wetter achten.

1 Prüft, ob sich diese Kinder schon auf herbstliches Wetter eingestellt haben. Beurteilt ihr Verhalten.

Tipps für Fußgänger und Radfahrer

Achte darauf, dass du gut zu sehen bist. Trage helle Kleidung mit reflektierenden Streifen.

Sorge dafür, dass die Beleuchtung an deinem Fahrrad funktioniert. Reflektoren und Rückstrahler dürfen nicht fehlen.

Achte darauf, dass du dich bei Regen frei bewegen und auf der Straße alles gut übersehen kannst (Regenkleidung, Schultasche auf dem Rücken).

★ Findet Tipps: Wie verhaltet ihr euch bei Unwettern mit Sturm, starkem Regen oder Hagel?

Aus witterungsbedingten Gefahren Verhaltensmaßnahmen ableiten; Regeln für einen verantwortungsvollen Umgang für sich selbst und andere kennen (Gefahrensituationen)

Wetterberichte auswerten

Wie wird das Wetter? Diese Frage stellen sich nicht nur viele Menschen, die in ihrem Beruf mit dem Wetter zu tun haben, sondern alle, die draußen unterwegs sind. Wer im Winter zu Fuß geht, mit dem Rad oder dem Auto fährt, will zum Beispiel wissen, ob es draußen glatt ist. Landwirte fragen sich im Sommer, ob es trocken bleibt, denn bei der Ernte darf das Getreide nicht nass sein. Wer eine Veranstaltung im Freien besucht, will sich wettergerecht kleiden.

1 Schreibe in eine Tabelle:
Wer braucht Wettervorhersagen? | Begründung

Wettervorhersagen gibt es mehrmals täglich in verschiedenen Medien.

In der Zeitung

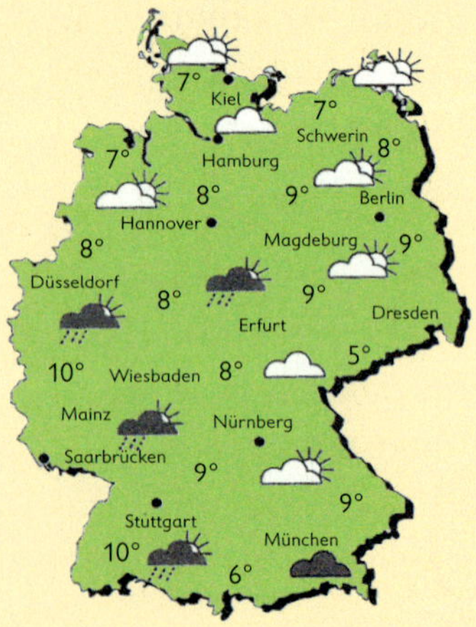

Die Wetterzeichen bedeuten:

zeitweise sonnig, dichtere Wolken

Regenschauer, zeitweise sonnig

stark bewölkt

trocken, einzelne Tropfen

Im Fernsehen

Im Radio

Im Internet

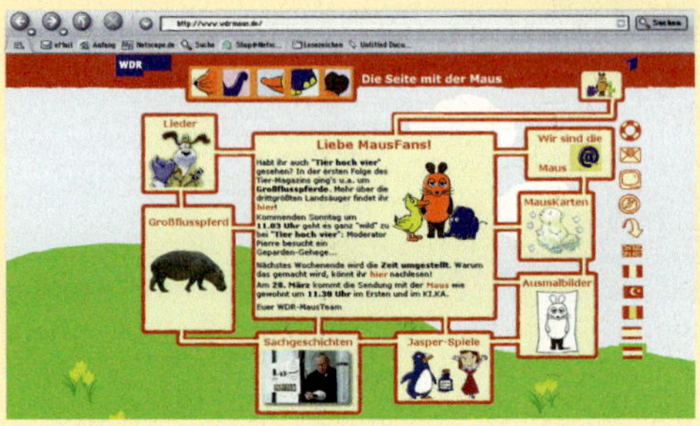

Suchwörter:
Wetter,
Wettersymbol,
Wetter heute,
Wetterbericht

Wetterberichte auswerten; Wetterkarten interpretieren;
den Einfluss des Wetters auf die Menschen erklären

AH S.9

S. 2, S. 4, S. 5

Miteinander leben

Wie leben Familien hier und anderswo?
Wie leben wir in unserem Ort gut zusammen?
Wie können wir einen Aktionstag planen?

Wie Familien leben

Vivian Mutti ist Verkäuferin und Vati arbeitet bei einer Transportfirma. Er ist viel unterwegs. Leider habe ich keine Geschwister, aber ich wünsche mir so sehr einen kleinen Bruder.

In meiner Freizeit spiele ich Fußball im Verein. Ich sehe auch gern fern, am liebsten Fußball mit Papa. Und ich koche gern. Mit Mutti gehe ich öfter einkaufen. Wir beraten dann, was wir am Wochenende kochen. Am liebsten esse ich Eintopf mit Fleisch, Kartoffeln und Gemüse. Das kann ich schon zubereiten.

Kingsley Mein Papa ist in den USA geboren. Er hat in Deutschland eine gute Arbeit in einer Computerfirma. Als er so alt war wie ich, war er mit seinen Pfadfindern oft zelten. Da hat er kochen gelernt. Seine Spagetti mit Meatballs und einer süß-scharfen Preiselbeer-Chili-Soße schmecken wirklich toll.

Das Rezept hat er von meiner Oma. Ich nehme es auch mit in die Klasse – dort stellen wir Rezepte aus aller Welt vor. Mein großer Bruder ist jetzt für ein Jahr bei unserer Oma in Amerika, er geht dort zur Schule. In der Freizeit arbeitet er in einem Hospital.

1 Lies, was Vivian oder Kingsley oder Amina (Seite 33) über den Alltag ihrer Familie berichten. Schreibe auf, wie du dir einen Tag in dieser Familie vorstellst.

2 Lest zuerst alle Berichte über Vivians Tag vor. Vergleicht sie. Lest dann die Berichte über Kingsleys Tag vor und vergleicht.

3 Lest zuletzt alle Berichte über Aminas Tag vor. Vergleicht wieder eure Berichte.

In der Familie: geborgen sein • Vertrauen haben • Verantwortung übernehmen

 Soziale Gemeinschaften (Familien) vergleichen; Kooperation zwischen Kulturen in Ansätzen verstehen (Ehepartner aus verschiedenen Kulturkreisen); …

AH S.11

Amina Ich lebe in der Nähe von Agadir in Marokko, das ist in Nordafrika. Meine Oma heißt Fatima. Sie ist Bäuerin und sammelt für eine Frauenkooperation Argannüsse. Sie bezahlt mein Schulgeld für Bücher und den Schulweg. Mein Vater arbeitet in einem Hotel und meine Mutter hilft manchmal auf einem Markt aus. Sie verdienen nicht viel, und unsere Familie ist groß. Der kleine Bruder ist oft bei Oma. Mein großer Bruder Driss ist arbeitslos. Er bringt mich oft zur Schule. Er kocht auch für mich, am liebsten esse ich Couscous mit sieben Gemüsesorten. Als Nachtisch gibt es Blätterteig mit Nüssen und Orangenblütenwasser.

Jeder Mensch wächst in einer besonderen Kultur auf und lebt in seiner Familie auf besondere Weise. Vivians Eltern sind in Deutschland geboren, Kingsleys Vater stammt aus den USA und wohnt in Deutschland. Amina lebt mit ihrer Familie in Marokko. In Ländern oder in Gruppen leben die Menschen nach eigenen Bräuchen und Traditionen. Sie sprechen verschiedene Sprachen, feiern ihre besonderen Feste, spielen ihre Musik mit eigenen Musikinstrumenten und kochen Speisen nach Rezepten, die sie von ihren Eltern kennen.

4 Was können Vivian, Kingsley und Amina von ihren Eltern erfahren und lernen?

★ Befragt euch gegenseitig:
Was kann ich von dir erfahren oder kennen lernen?

- Einen schönen Brauch, den du kennst.
- Interessante Wörter aus einer Sprache, die du sprichst.
- Eine leckere Speise, die du magst.
- Ein tolles Fest, das du feierst.
- ...

Verständnis haben • Liebe erfahren und geben • Konflikte bewältigen

So leben Kinder anderswo

Materialpaket: Wir informieren uns über ein Land

Fahne		Wie sieht die Fahne aus?
Landkarte	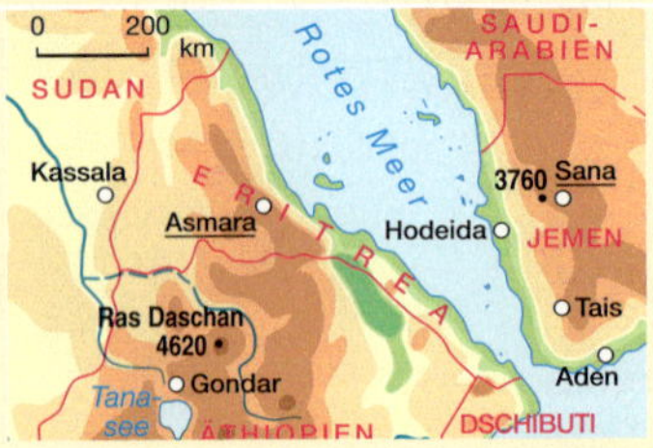	Wo liegt das Land?
Bilder von der Landschaft		Wie sieht die Landschaft aus? Welche Tiere leben dort?
Bilder von Menschen und Tieren		Wie leben und arbeiten die Menschen? Was essen sie?
Bücher über das Land, Internetadressen	Welche Sprache wird gesprochen? Wie sind die Menschen gekleidet? Welche Feste feiern sie? Welchen Schmuck tragen sie? Mit welchen Instrumenten machen sie Musik?	

Ein Materialpaket zusammenstellen

- Findet ein Thema.
- Sammelt Material.
- Gebt Einzelnen, Partnern oder Gruppen Aufträge.
- Legt für die Abgabe einen Termin fest.
- Sortiert gesammeltes Material in Kisten.
- Legt Listen an: Wer hat was mitgebracht?
- Wählt Material aus.
- Gebt geliehene Dinge danach zurück.

★ Findet selbst noch Fragen und sucht nach Antworten.

1 Gestaltet mit eurem Material Vorträge oder eine Ausstellung oder eine Wandzeitung.

Ein Land vorstellen; Lebensweisen erforschen; soziale Gemeinschaften (Familien, Volk) vergleichen; Informationen aus Medien (Bücher, Karten, Internet) erschließen, …

AH S.11

S. 4, S. 5

Diese Kinder leben in Eritrea in Nordostafrika. Bruder und Schwester sammeln Feuerholz. Oft müssen sie beim Suchen lange und beschwerliche Wege gehen. Viele Kinder in Eritrea lernen nicht lesen und nicht schreiben. Sie können keine Schule besuchen, weil sie ihre Familien unterstützen müssen. Sie hüten Vieh, betreuen jüngere Geschwister, holen Wasser, suchen Tierfutter und Brennstoffe oder bereiten das Essen zu.
Die meisten Familien bauen Nahrungsmittel selbst an. Auch bei der Feldarbeit helfen die Kinder. Ihre Arbeitskraft ist oft der einzige Reichtum der Familien.

Damit die Kinder zur Schule gehen können, werden im Land nach und nach Schulen gebaut. In diese Schule kommen Kinder aus den nahen Dörfern.
Sie besuchen die erste bis fünfte Klasse.
Hier wurde ein Brunnen gebaut.
Das ist sehr wichtig, damit die Kinder sauberes Trinkwasser haben und gesund bleiben. Noch gibt es nicht an jeder Schule Trinkwasser.
In Eritrea ist es oft sehr heiß, lange Zeit regnet es kaum. Dann wieder regnet es eine Zeit sehr lange und heftig.

2 Sammelt weitere Informationen über Kinderarbeit in einigen Ländern. Sucht nach Gründen dafür.

3 Sprecht darüber, warum noch viele Kinder in der Welt hungern.

Wie leben wir im Ort gut zusammen?

Wenn ihr in eurer Klasse einen Wandertag oder ein Fest plant, möchte jeder dazu seine Meinung sagen, mit Ideen beitragen und mitentscheiden. Solche Gespräche führen viele Klassen im Klassenrat. Hier beraten, diskutieren und entscheiden alle Kinder demokratisch über ihr Zusammenleben in der Klasse: Regeln, Vorhaben …

Wie aber entscheidet ihr demokratisch?

A *Jeder kann an der Abstimmung oder Wahl teilnehmen und hat gleich viele Stimmen.*

B *Ihr tauscht vorher eure Meinungen frei aus.*

C *Jeder sollte dann wissen, was für die Entscheidung wichtig ist.*

D *Jeder sollte auch verstehen, worüber er entscheidet.*

E *Ihr wählt geheim oder stimmt öffentlich ab. Der Vorschlag mit der Mehrheit der Stimmen wird angenommen.*

Wie in eurer Klasse, so ist es auch in eurem Ort. Die Menschen hier leben gut zusammen, wenn sie über alle Fragen demokratisch entscheiden. Doch nicht jeder kann an allen Entscheidungen teilnehmen. Deshalb wählen die Einwohner jedes Ortes Menschen, die sie vertreten: den Stadtrat oder Gemeinderat und die Bürgermeisterin oder den Bürgermeister.

In einem Landkreis wählen die wahlberechtigten Bürger in geheimer Wahl Menschen, die ihre Interessen im Kreistag vertreten. Der Kreistag entscheidet demokratisch über alle Angelegenheiten des Kreises. Den Vorsitz hat ein Landrat oder eine Landrätin. In einer kreisfreien Stadt berät und entscheidet der Stadtrat. Den Vorsitz hat ein Oberbürgermeister oder eine Oberbürgermeisterin.

1 Befragt Mitglieder eures Gemeinderates oder Stadtrates:
- Welches große Vorhaben ist in unserem Ort geplant?
- Was wurde dazu beraten?
- Wie wurde dazu entschieden?
- Wie wird der Plan umgesetzt?

Demokratische Einrichtungen nennen: Gemeinde-/Stadtrat, Kreistag

AH S.12

2 Ein Besuch im Gemeinderat: Lest die Texte. Ordnet den Fragen die passenden Antworten zu. Lest dann mit verteilten Rollen.

Die Bürgermeisterin lädt uns ein. Sie schickt uns die Tagesordnung und Material. So können wir uns gut vorbereiten.

Im letzten Jahr haben wir sechs Mal beraten, im Jahr davor nur vier Mal. Wir beraten im Auftrag der 4 500 Einwohner unseres Ortes.

Es gab viel zu beraten: zum Beispiel planen wir den Bau des Neubaugebietes und seine Versorgung mit Energie und Wasser, die Modernisierung der alten Schule und wie die Straßenreinigung zu verbessern ist. Der Seniorenclub muss besser betreut werden.
Wir wollen auch neue Betriebe im Ort ansiedeln, die Arbeitsplätze schaffen.
Für die Müllabfuhr wurde eine neue Gebührenordnung festgelegt.
Wichtig war das Planen der Einnahmen und Ausgaben des Ortes.

Unsere Geldeinnahmen kommen aus Steuern, die Bürgerinnen und Bürger zahlen. Außerdem erhält die Gemeinde Geld von der Landes- und der Bundesregierung. Und die Gemeinde verlangt Gebühren, zum Beispiel für die Müllabfuhr.

Vielleicht habt ihr es schon gesehen: In den Ferien wurden in eurer Schule 3 Klassenräume renoviert und ein Computerkabinett eingerichtet.

Nach der Diskussion stimmen alle offen über einen Beschluss ab: mit Ja oder Nein. Stimmt die Mehrheit mit Ja, ist er angenommen. Stimmengleichheit bedeutet: Der Antrag ist abgelehnt.
Man kann sich auch der Stimme enthalten.

Wir sind 16 Mitglieder, 7 Frauen und 9 Männer.

3 Macht selbst Vorschläge für das Zusammenleben in eurem Ort. Fragt, ob sie zu verwirklichen wären.

Aufgaben im Gemeinderat: Planung, Beratung, Entscheidung, eigene Standpunkte darlegen, begründen, vertreten und darüber diskutieren

AH S.12

Einen Aktionstag planen

Wahl des Themas:
Alle Klassen der Schule wollen eine Aktion zu einem gemeinsamen Thema durchführen.
- Die Kinder schlagen Themen vor und stimmen darüber in jeder Klasse ab.
- Fast alle Klassen haben das Thema „Umwelttag“ gewählt.

Tipps für die weitere Planung:
- Ideen zum Thema sammeln
- Ort der Aktion bestimmen
- Aufgaben verteilen
- Material sammeln
- Hilfe besorgen
- Zeitplan aufstellen

Tipps für die Stationen:
- Betreuer bestimmen
- Material übersichtlich auslegen
- Stationsbesucher beraten
- nach der Aktion aufräumen

Tipps zur Auswertung:
- Welche Station war besonders beliebt?
- An welcher Station gab es Schwierigkeiten?
- War die Zeit gut geplant?

Zeitplan:

8.00 Uhr bis 9.00 Uhr	Einweisung und Vorbereitung in den Klassen 
9.00 Uhr bis 10.30 Uhr	Arbeit an den Stationen 
10.30 Uhr	Pausenspiele

Eine Klassenaktion planen

- Überlegt, welche Themen euch interessieren.
- Jeder schlägt ein Thema vor und schreibt es auf.
- Stimmt über das Thema ab.
- Erstellt für eure Aktion
  – einen Plan,
  – einen Zeitplan.

Die Schulgemeinschaft, das Schulleben und das Leben der öffentlichen Gemeinschaft mitgestalten, seinen Anteil einbringen, Formen der Kommunikation anwenden

AH S.12

S. 12, S. 13

Im Winter

Wie verändern sich Pflanzen, Tiere und das Wetter im Winter?
Wie stelle ich mich auf den Winter ein?
Wann helfen Feuerwehr und Polizei?

Wie Pflanzen überwintern

Die Kastanie wirft im Herbst ihre Blätter ab. Jetzt ist ihre Wuchsform deutlich zu erkennen. Bereits im Sommer, als der Baum reichlich Nährstoffe zum Wachsen hatte, legte er seine Knospen an. Es sind große, klebrige Knospen, aus denen im Frühjahr neue Blätter und Blüten sprießen werden. Nun aber ist der Baum in der Winterruhe. Alle Lebensvorgänge laufen langsam ab. Kastanien sind mehrjährige Pflanzen.

Kastanienknospe

Längsschnitt durch eine Kastanienknospe

1 Beobachte Knospen an einem Baum im Februar und dann im April. Zeichne jedes Mal eine Knospe. Beschreibe deine Zeichnungen, vergleiche, begründe.

Andere Pflanzen überdauern den Winter durch ihre unterirdischen Speicherorgane. Die Hyazinthe hat eine Zwiebel. Darin hat die Pflanze im Vorjahr Nährstoffe gespeichert. Wenn die Tage länger werden und die Temperaturen steigen, treibt sie aus.

2 Informiert euch, wie ihr eine Hyazinthe im Glas ziehen könnt. Setzt eine Hyazinthe ein und beobachtet ihre Entwicklung.

Die Samen des Winterroggens reifen Ende Juli, Anfang August in den Ähren. Von Mitte September bis Mitte Oktober werden sie ausgesät und überdauern den Winter im Erdboden. Die Samen enthalten viele Nährstoffe und auch den Keimling. Sie keimen schon bei sehr niedrigen Temperaturen, treiben Ende März bis Mitte April aus und wachsen.

Einfluss des Wetters auf das Leben der Pflanzen erklären, Langzeitbeobachtung durchführen und auswerten; Erkenntnisse aus Versuchen auf Alltagssituationen übertragen

S. 4

Wie Tiere überwintern

Igel halten Winterschlaf.
Im Winter finden sie kaum Futter.
Sie fressen sich im Sommer
ein Fettpolster an und schlafen
fünf bis sechs Monate.

Eichhörnchen halten Winterruhe.
Sie schlafen oder ruhen mehrere
Tage in ihrem Nest und suchen
dann aber draußen wieder nach
Nahrung.

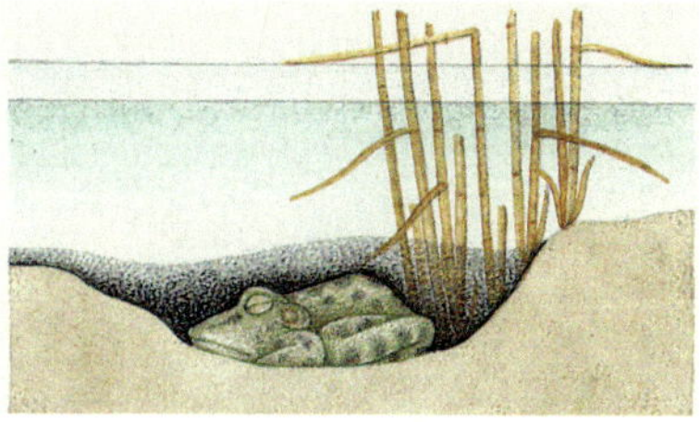

Frösche kriechen bei Kälte unter
Baumwurzeln, in Erdlöcher oder
in den Schlamm der Gewässer.
Hier verharren sie regungslos
in Winterstarre.

1 Informiere dich im Internet über weitere Tiere, die Winterschlaf oder Winterruhe halten oder in Winterstarre fallen.

Viele Tiere sind auch im Winter auf Nahrungssuche unterwegs. Im Schnee sehen wir Fußspuren von Meisen, Krähen, Tauben und Sperlingen. Im Wald und im freien Feld findest du Fährten und Spuren von Reh, Wildschwein, Feldhase, Fuchs, Maus und Eichhörnchen. Erkennst du die Spuren?

2 Wie überwintern Störche und Schwalben?

★ Welche Tiere hast du in einer Winterwoche beobachtet?

3 Erstellt solche Karteikarten zu Tieren, über die ihr euch informiert habt oder die ihr beobachten konntet. Präsentiert sie in der Klasse.

Der Feldhase

Lebensraum: Wiesen, Felder

Lebensweise im Winter:
Einzelgänger, sucht in der Dämmerung Futter: Knospen, Triebe, Baumrinde; ruht in einer Sasse (flache Erdmulde) aus, lässt sich auch einschneien; Paarung im Januar

Einfluss des Wetters auf das Leben der Tiere erklären, Langzeitbeobachtungen im Winter durchführen, auswerten; in Medien recherchieren, Ergebnisse dokumentieren, präsentieren

S. 4, S. 5

Sich vor Kälte schützen

Temperaturen mit der Haut fühlen

Ihr braucht:
- 3 Schüsseln
- Wasser mit diesen Temperaturen
- Thermometer

Geht so vor:
- Füllt je eine Schüssel mit kaltem, lauwarmem und warmem Wasser.
- Taucht eine Hand in warmes und dann in lauwarmes Wasser.
- Taucht die andere Hand in kaltes und dann in lauwarmes Wasser.
- Beschreibt eure Empfindungen.

Wie die Haut die Temperaturen fühlt, könnt ihr auch in anderen Situationen erfahren: In einem ungeheizten Hausflur treffen zwei Kinder zusammen. Das eine Kind kommt von draußen, das andere aus einer geheizten Wohnung.

1 Vermutet: Wie werden die Kinder die Temperatur im Hausflur empfinden? Probiert es selbst aus.

Ob dir warm ist oder kalt, hängt auch davon ab, was du machst. Wer an einem kühlen Wintertag lange an der Haltestelle warten muss, wird bald frieren. Wer den Weg zum Bus gerannt ist, dem ist warm. Wie kalt es draußen wirklich ist, kann dein Körper nicht genau empfinden. Deshalb kannst du dich unterkühlen, bevor du es merkst. Du musst dich vor Kälte schützen.

★ Lies, wie Tiere im Winter vor Kälte geschützt sind. Finde weitere Beispiele.

Vielen Säugetieren wächst ein dichteres Fett. Manche fressen sich eine dicke Fettschicht an.

Vögel bekommen ein dichteres Federkleid. Wenn es kalt ist, plustern sie ihr Gefieder auf.

Einfluss des Wetters auf das Leben der Menschen und Tiere im Winter erklären, sich witterungsgerecht kleiden und verhalten; Experimente durchführen …

So kannst du dich vor Kälte schützen:

Kleidung kann dich vor Kälte schützen. Zwischen der Kleidung und deinem Körper ist eine Luftschicht.
Dein Körper erwärmt die Luft. Deine Kleidung hält die warme Luft drinnen, und die kalte Luft bleibt draußen.

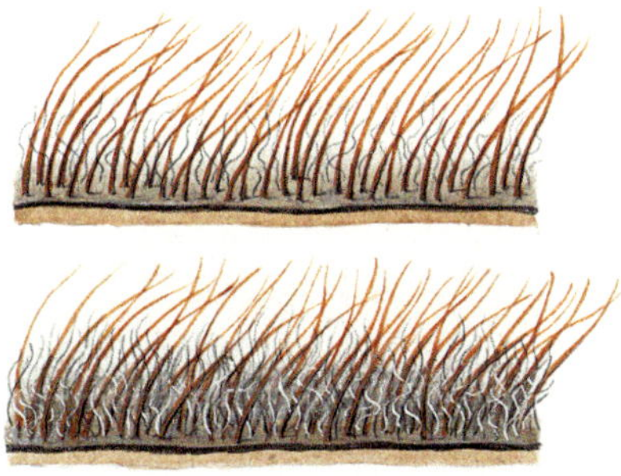

Die „Kleidung" der Säugetiere ist ihr Fell. Winterfell hat mehr Wollhaare. Zwischen den Haaren bleibt die warme Luft am Körper.

Wollfäden sind meist aus Tierhaaren gesponnen. Sie schließen viel Luft ein und halten deshalb schön warm.

Wer mehrere Kleidungsstücke übereinander anzieht, wird durch die warmen Luftschichten zwischen den Teilen gewärmt.

Fettcreme schützt deine Haut, zum Beispiel im Gesicht. Sie lässt die Frostluft nicht an deine Haut und wirkt wie die Fettschicht mancher Tiere, die sie vor Frost schützt.

Bewegung wärmt dich: wenn du rennst, hüpfst, die Hände reibst … Wenn du dich bewegst, arbeiten deine Muskeln. Dabei entsteht Wärme und dir wird warm.

Warum zittern wir und bekommen Gänsehaut?

Wenn dein Körper zittert, versucht er selbst Wärme zu erzeugen. Er lässt Muskeln zittern. Dabei entsteht Wärme, aber nicht genug, um dich vor Unterkühlung zu schützen. Besser ist, du bewegst dich selbst, dann wird dir warm.
Und warum haben wir manchmal eine Gänsehaut?
In früherer Zeit hatten die Menschen viel mehr Körperhaare – fast wie ein Affenfell. Wenn es kalt war, richteten kleine Muskeln die Härchen auf. Wie ein Pullover hielten die Härchen damit die warme Luft zwischen dem Fell und dem Körper. Heute haben wir weniger Haare, aber die kleinen Muskeln sind noch da. Sie wollen ein Fell aufstellen, das wir nicht mehr haben.

★ Was erzählt dieses alte Bild vom Leben der Menschen im Winter?

Wasser im Winter: Wir dokumentieren

4. Januar, 10.30 Uhr, –10 °C. An den Bäumen im Garten hat sich Raureif gebildet. Er besteht aus feinen weißen Eisnadeln.

25. Januar 9.00 Uhr. Einige Tage lang schien bei etwa –2 °C die Sonne. An den alten Telefonleitungen haben sich kleine Eiszapfen gebildet.

1 Findet Bildunterschriften zu den unteren Fotos.

2 Wie verändert sich Wasser im Winter? Gestaltet dazu eine Schautafel: Fotografiert, zeichnet und beschreibt.

Langzeitbeobachtungen im Winter durchführen, auswerten: jahreszeitliche Veränderungen (Temperaturen, Wetterelemente, beim Wasser) benennen; …

AH S.13

S. 4, S. 5

Jeder Eiskristall hat sechs Strahlen, und doch …

Eiszapfen an unserem Dach
Ein Tropfen friert, von oben läuft Wasser an ihm herunter. Es friert an der Seite oder unten fest.
Immer mehr tropfendes Wasser friert schichtweise an. Der Zapfen wird größer.
Vorsicht! Schwere Zapfen könnten …

Schneeflocken bestehen aus winzigen Eiskristallen.
Kein Eiskristall gleicht dem anderen, aber sie sind immer sechseckig.
Die Eiskristalle auf dem Foto sind stark vergrößert.
In Wirklichkeit sind sie nur 3 mm lang:
Schnee sieht weiß aus. Schnee fällt sacht und dämpft Geräusche. Im Schnee zeichnen sich Spuren ab. Schnee schützt Pflanzen vor Kälte.
Kannst du ihn riechen, sehen, fühlen oder schmecken?

Wie viel wiegt eine Schneeflocke?
Sie wiegt fast nichts. Fange sie auf: eine, zwei, hundert Schneeflocken.
Du spürst ihr Gewicht nicht.
Wenn du aber unzählbar viele Schneeflocken zu einem Schneeball rollst, spürst du ihr Gewicht.
Lege den Schneeball auf eine Waage.
Auch beim Schneeschieben merkst du, wie schwer Schnee sein kann.
Unter einer Schneelast können sogar dicke Äste von den Bäumen brechen.

Fotos dokumentieren

- Besorgt Material: Zeichenkarton für ein Fotoalbum, Papier, Klebstoff, Schere …
- Wählt Fotos zu einem Thema aus. Manchmal wirken Fotoausschnitte eindrucksvoller.
- Verfasst kleine Texte: Bildunterschriften, Beschreibungen, Verse …
- Ordnet alles übersichtlich und klebt es auf.

… mediale Darstellungsformen (Fotoausstellung, Schautafel) mit Hilfestellung produzieren

AH S.13

S. 4, S. 5

Winter: Gefahren einschätzen

1 Beschreibe die Situation auf jedem Bild.
Vermute, was passieren könnte.

2 Stellt Tipps zusammen: Wie wir uns bei Wintergefahren verhalten.

★ Suche aktuelle Nachrichten über Unfälle im Winter und berichte davon.

Winter: Bei Gefahren helfen

A

B

C

D

1 Welche Bilder auf den Seiten 46 und 47 passen zusammen? Erzähle dazu.

2 Wie wird ein Notruf abgesetzt? Informiere dich auch bei der örtlichen Feuerwehr.

★ Erkundet: Wie wird Glätte auf Fußwegen abgestumpft?

Feuerwehr und Polizei helfen

8.1.2011: Einsturzgefahr im alten Sanatorium in Bad Lobenstein
Am Sonnabend stürzten Dachteile des alten Moorbad-Sanatoriums in Bad Lobenstein auf die Straße. Menschen kamen nicht zu Schaden. Die Polizei sicherte die Umgebung und sperrte die Straße. Die Feuerwehr setzte eine Feuerwehrdrehleiter ein, und Mitarbeiter des Stadtbauhofes rissen die losen Dachteile ab.

22.8.2011: Explosionsgefahr in Neundorfer Wohnhaus
Großeinsatz der Feuerwehr: Durch ausströmendes Propangas bestand in einem Haus in Neundorf hohe Explosionsgefahr. Feuerwehrleute mit Atemschutzmasken brachten einen defekten Gasheizer auf ein Feld und sperrten das Gebäude. Der Gasgehalt der Luft im Haus wurde gemessen und das Haus gelüftet. Die Polizei ermittelt zu den Ursachen.

Pressemitteilung
Zu einem Verkehrsunfall kam es am 20.08.2011 in Floh-Seligenthal. Der Fahrer eines PKW fuhr nach links auf die Hauptstraße auf und beachtete dabei nicht die Vorfahrt. Das Fahrzeug stieß mit einem anderen PKW zusammen, dessen Fahrer leicht verletzt und durch einen Sanitätsdienst versorgt wurde. Beide Fahrzeuge wurden abgeschleppt. Die Polizei leitete den Verkehr um und protokollierte den Unfall. Um andere Verkehrsteilnehmer nicht zu gefährden, beseitigte die Feuerwehr ausgelaufene Flüssigkeiten.

1 Betrachte die Fotos und lies die Texte.
Beschreibe, wie Polizei, Feuerwehr und andere Helfer zusammenarbeiten.

★ Sammle Nachrichten zu ähnlichen Ereignissen im Heimatkreis. Berichte.

Das Zusammenwirken von Polizei und Feuerwehr beschreiben;
Informationen zielgerichtet auswählen und beurteilen

Feuerwehr und Polizei erfüllen wichtige Aufgaben:

Die wichtigste Aufgabe der Feuerwehr ist es, Menschen bei Notfällen zu retten: bei Unfällen, Bränden, Überschwemmungen, Explosionen, vor giftigen Stoffen. Aufgaben der Feuerwehr sind auch: Tiere aus Notsituationen zu befreien, Brände zu löschen, Sachwerte zu bergen, Menschen und Tiere vor Gefahren zu schützen sowie Bränden vorzubeugen.

Auch die Polizei ist bei Unfällen im Einsatz. Sie schützt die öffentliche Sicherheit und Ordnung: im Straßenverkehr, bei Fußballspielen, bei Demonstrationen und im Alltag. Die Schutzpolizei prüft bei Kontrollfahrten, ob alles in Ordnung ist. Vor allem will die Polizei aufklären und Schäden verhüten: durch Verkehrserziehung, Sendungen im Fernsehen, Beratungen und Gespräche.

2 Sprecht über Brandschutzmaßnahmen in eurer Schule. Prüft, ob ihr im Notfall richtig handeln könntet.

3 Was rät die Verkehrs-, Kriminal- oder Wasserschutzpolizei? Informiere dich im Internet. Berichte.

4 Diskutiert in Gruppen zu den Bildchen. Wie könnt ihr die Arbeit der Polizei oder der Feuerwehr unterstützen?

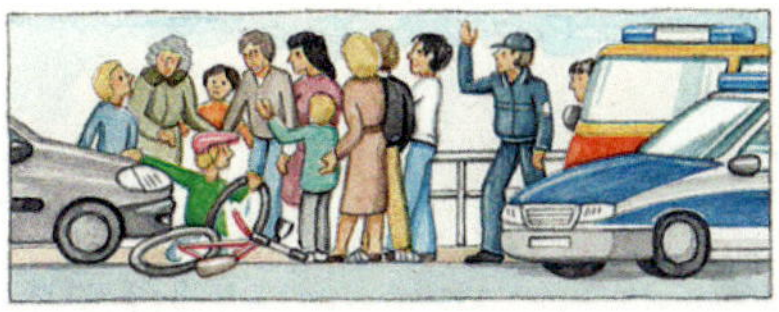

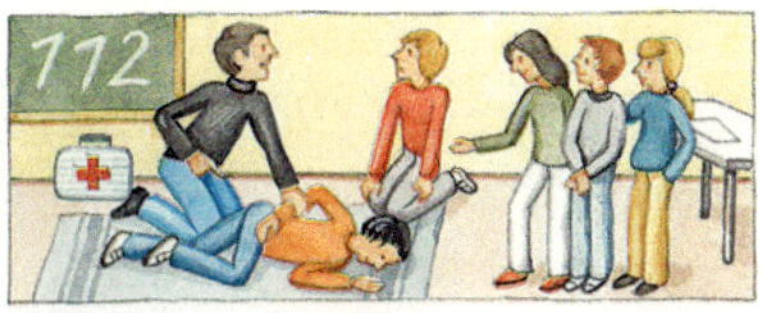

★ Informiere dich über diese und andere Zeichen. Bei welchen Notfällen helfen diese Organisationen? Erstelle dazu eine Tabelle.

Brandschutzregeln

Eine Kerzenflamme ist sehr heiß. Direkt über der Flamme beträgt die Temperatur bis zu 750 °C. Selbst 10 cm über der Flamme sind es noch 350 °C. Leicht kann ein Brand entstehen. Gehe deshalb sehr vorsichtig mit Kerzen um. Zünde Kerzen nur an, wenn ein Erwachsener dabei ist.

Brandschutzregeln zum Umgang mit Kerzen beachten

Bevor du die Kerzen anzündest …

… Sorge dafür, dass die Kerzen fest und nicht zu dicht nebeneinander stehen. Kerzenständer dürfen nicht entflammbar sein. Sie sollten aus Metall, Keramik oder Glas sein. Stelle einen Eimer mit Wasser oder Sand bereit. Sollte doch etwas brennen, kannst du sofort löschen.

Wenn du die Kerzen anzündest …

… Vorsicht! Nicht mit Ärmeln oder Haaren über die offene Flamme kommen. Streichholz nie in den Papierkorb werfen.

Wenn die Kerzen brennen …

… Zugluft vermeiden. Kerzen nie ohne Aufsicht lassen. Du weißt nie, ob du abgelenkt wirst und die brennenden Kerzen vergisst.

Wenn du die Kerzen löschst …

… Die Flamme möglichst nicht auspusten. Am besten mit einem Kerzenlöscher oder einem Metalllöffel ersticken.

Wenn es doch brennt …

… Ruhe bewahren. Versuche, alle Fenster und Türen zu schließen. Die Flammen müssen mit einer Decke oder mit Sand erstickt oder mit Wasser gelöscht werden. Gelingt das nicht, sofort die Feuerwehr rufen: **112**

1 Schreibt Brandschutzregeln auf, die in eurer Schule gelten.

Brandschutzregeln kennen; sich und sein Umfeld vor Schaden bewahren, sich verantwortungsvoll verhalten

Das tut mir gut

Warum kann ich meinen Arm beugen und strecken?
Was sagt die Nahrungspyramide über gesundes Essen?
Wie kann ich im Notfall Erste Hilfe leisten?

Was unseren Körper trägt und bewegt

Wie viele Knochen hat ein Mensch?
Babys haben bei der Geburt etwa 350 Knochen. Einige der weichen Knochen wachsen später noch zusammen. Die meisten Erwachsenen haben mit 25 Jahren nur noch 206 Knochen.

Wie heißt der kleinste Knochen im Skelett?
Es ist der Steigbügel, ein Knochen im Ohr. Der Knochen ist nur halb so groß wie ein Reiskorn.

Alle Knochen zusammen bilden das Skelett des Menschen. Es schützt empfindliche Körperteile: So umschließt der Schädel unser Gehirn, die Rippen schützen Herz und Lunge, die Wirbelsäule das empfindliche Rückenmark. Die Skelettknochen, besonders die Wirbelsäule und die Knochen der Arme und Beine, sind das Stützgerüst unseres Körpers. Sie geben ihm den Halt und auch die Körperform. Viele Knochen sind gelenkig miteinander verbunden. Zusammen mit den Sehnen und den Muskeln, die an den Knochen ansetzen, ermöglicht das Skelett alle unsere Körperbewegungen.

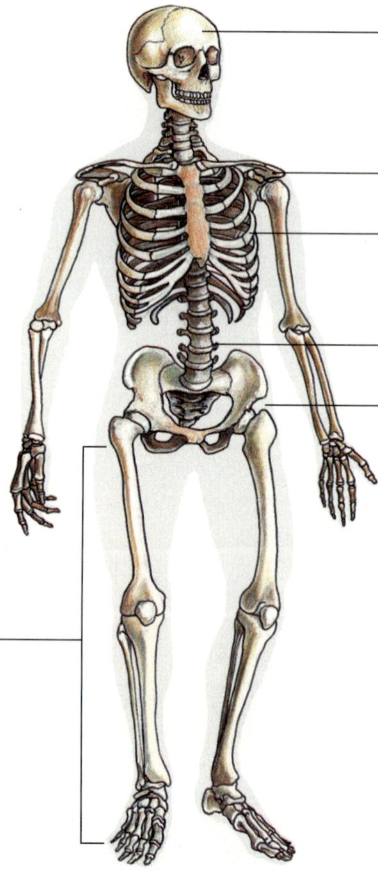

Woraus bestehen Knochen?
Knochen bestehen hauptsächlich aus Knochengewebe. Es sieht aus, als würden viele winzige Balken übereinanderliegen. Dadurch ist der Knochen stabil.

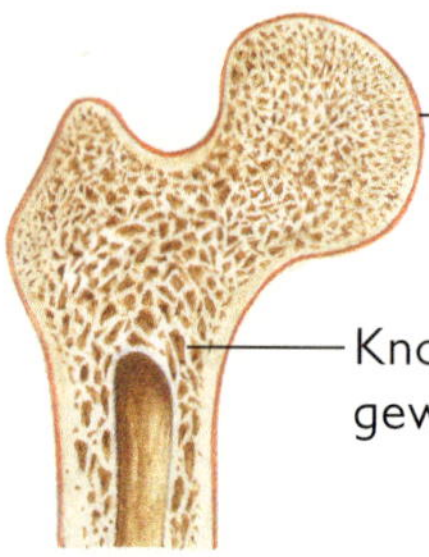

Um den Knochen herum liegt die Knochenhaut. Sie versorgt den Knochen mit Nährstoffen und Sauerstoff.

1 Probiere und benenne Stellen, an denen dein Skelett beweglich verbunden ist.

Teile des Skeletts benennen, Funktionen der Körperteile wahrnehmen, beschreiben; in Versuchen ausprobieren; verantwortungsvoll mit sich selbst umgehen (Regeln)

AH S.15

Dein Körper ist von Muskeln durchzogen.
Du spürst die Muskelbewegung:
Strecke und beuge deinen linken Arm. Umfasse dabei mit der rechten Hand den linken Unterarm.
Balle deine Hand zur Faust. Die Finger und der Daumen werden durch die Kraft der Handmuskeln bewegt.
Du kannst auch herausfinden, wo deine Gelenke sitzen:
Das Skelett besteht aus verschiedenen Gelenken.
Überall, wo Finger und Daumen einknicken, sitzen bewegliche Knochenverbindungen. Probiere, in welche Richtung du die Finger oder den Kopf bewegen kannst: beugen, strecken, zur Seite drehen …
Damit du gelenkig bleibst, musst du dich bewegen und deine Muskeln trainieren.
So hältst du deinen Körper gesund.

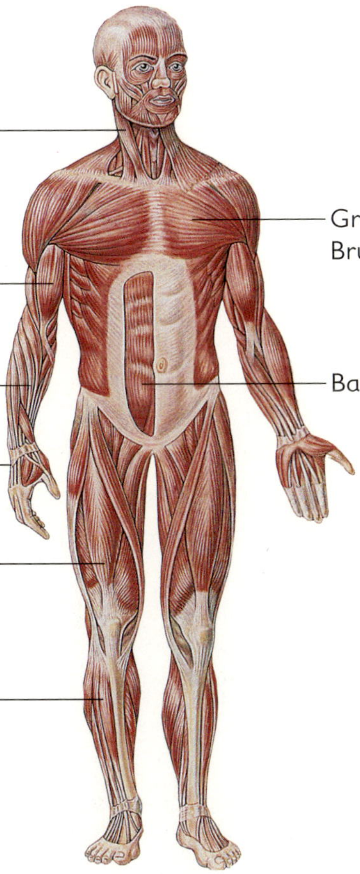

Was sind Skelettmuskeln?
Skelettmuskeln bestehen aus vielen feinen Muskelfasern.
Sie sind von einer festen Muskelhülle umgeben, die oft als Sehne endet. Sehnen verbinden Muskeln mit den Knochen.

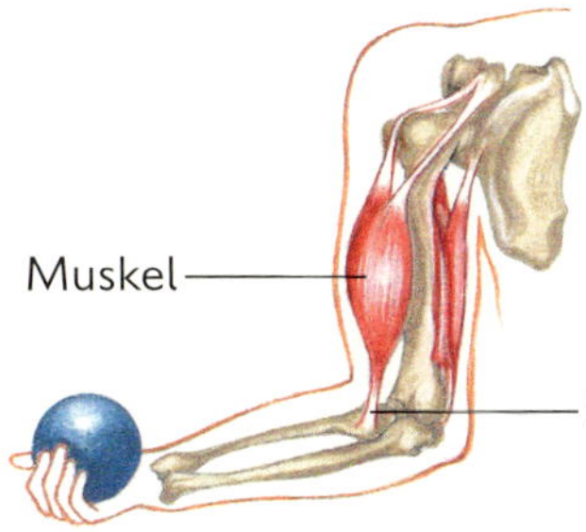

Was sind Gelenke?
Gelenke sind die Verbindungsstellen zwischen zwei Knochen. Eine Knorpelschicht und Gelenkschmiere verhindern, dass die Knochen beim Bewegen aufeinanderreiben.

Beispiel: Scharniergelenk

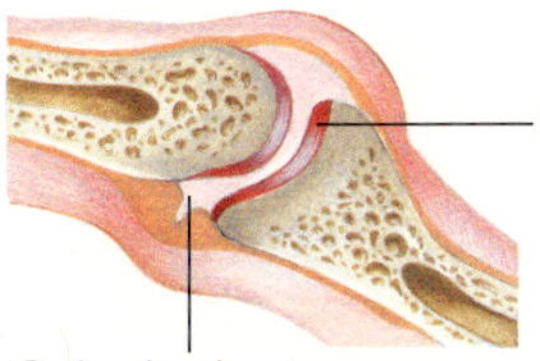

Scharniergelenke, wie das Kniegelenk, lassen sich nur beugen und strecken.

2 Findet Übungen, die eure Muskeln stärken.

Funktionen der Muskeln wahrnehmen, beschreiben; in Versuchen ausprobieren; verantwortungsvoll mit sich selbst umgehen (Regeln): gesunde Lebensführung

AH S.15

Schlaffe Muskeln – krummer Rücken?

Die Wirbelsäule kann man in 5 Abschnitte gliedern:
- Halswirbelsäule
- Brustwirbelsäule
- Lendenwirbelsäule
- Kreuzbein
- Steißbein

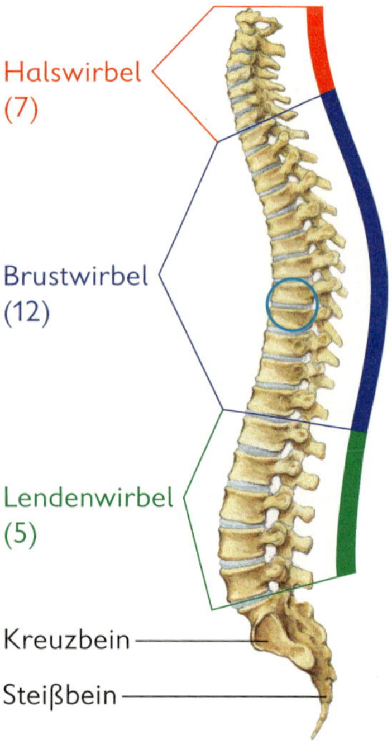

Die Hauptstütze deines Körpers ist die Wirbelsäule. Die Wirbelsäule besteht aus 24 Wirbeln, dazwischen liegen die Bandscheiben. Das sind weiche, elastische Scheiben aus Knorpel. Dadurch sind die Wirbelknochen zueinander beweglich und reiben nicht aneinander. Außerdem wirken sie beim Laufen oder Springen wie Stoßdämpfer und federn Erschütterungen ab. Zahlreiche Rückenmuskeln und kräftige Bänder stabilisieren die Wirbelsäule und halten den Körper aufrecht. Bei guter Körperhaltung sieht die Wirbelsäule von der Seite wie ein doppeltes S aus. Sind Muskeln und Bänder nicht genügend in Aktion, so erschlaffen sie, und es kommt zu Haltungsschäden.

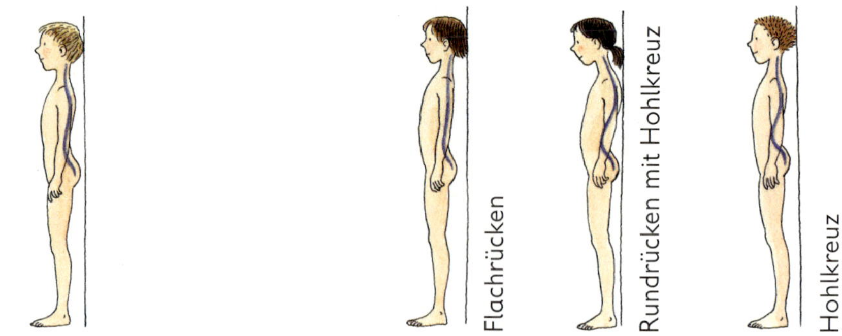

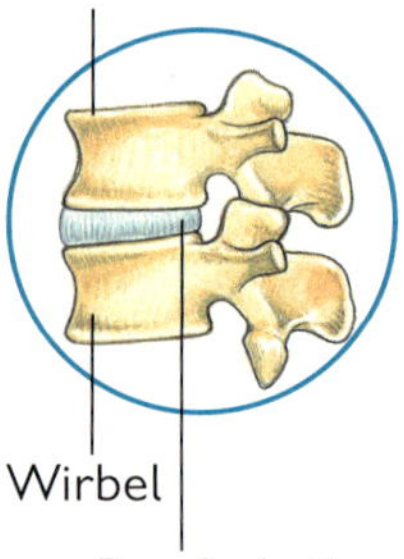

Teste dich und führe Protokoll:
- Kannst du mit geschlossenen Augen mindestens 10 Sekunden ruhig auf einem Bein stehen?
- Kannst du hintereinander 5 gleichmäßige Sprünge auf einem Bein machen?
- Sitzt du täglich weniger als eine Stunde vor dem Fernsehgerät?
- Bekommst du ausreichend Luft, wenn du zügig die Treppen hochsteigst?

Hast du eine der Fragen mit „Nein" beantwortet, bewegst du dich zu wenig. Hier helfen Übungen, die deine Muskeln kräftigen und dehnen. So beugst du Haltungsschäden vor.

Funktionen menschlicher Körperteile kennen, sensorisch wahrnehmen, Test durchführen; gesunde Körperhaltung; Haltungsschäden vorbeugen

AH S.16

Übungen zum Kräftigen und Dehnen der Muskulatur

Übung 1: 10-mal

Übung 2: 5 Sekunden halten

Übung 3: 10-mal

Übung 4: täglich mehrmals

Übung 5: 5-mal

Übung 6: 15 Sekunden halten

Wenn möglich, Augen schließen

Die Wirbelsäule muss am Tag vielen Belastungen standhalten.
Wenn du deine Schultasche immer in der Hand trägst oder oft gebeugt sitzt, wirst du in Rücken und Schultern bald Schmerzen spüren.
Du kannst deine Wirbelsäule schonen, wenn du

- deine Muskeln kräftigst und so die Wirbelsäule entlastest,
- immer prüfst, ob du gerade sitzt, richtig trägst oder hebst.

Darauf achtest du

beim Sitzen

beim Tragen

beim Heben

Erkundet: Wie sehen rückenfreundliche Sitzmöbel für die Schule aus?

Die Nahrungspyramide

Für alle Lebensvorgänge braucht dein Körper Nährstoffe und Flüssigkeit. Nahrung gibt dir Energie zum Wachsen, zum Denken oder um dich zu bewegen. Sie enthält Mineralstoffe und Vitamine, die deinen Körper gesund und schön erhalten. Diese Nahrungspyramide zeigt dir wie eine Ampel an, wie du dich gesund ernähren kannst und was du dazu beachten musst.
Je breiter die Pyramide, umso wichtiger sind die Lebensmittel für deine Ernährung.

★ Plant gemeinsam ein gesundheitsförderndes Frühstück.

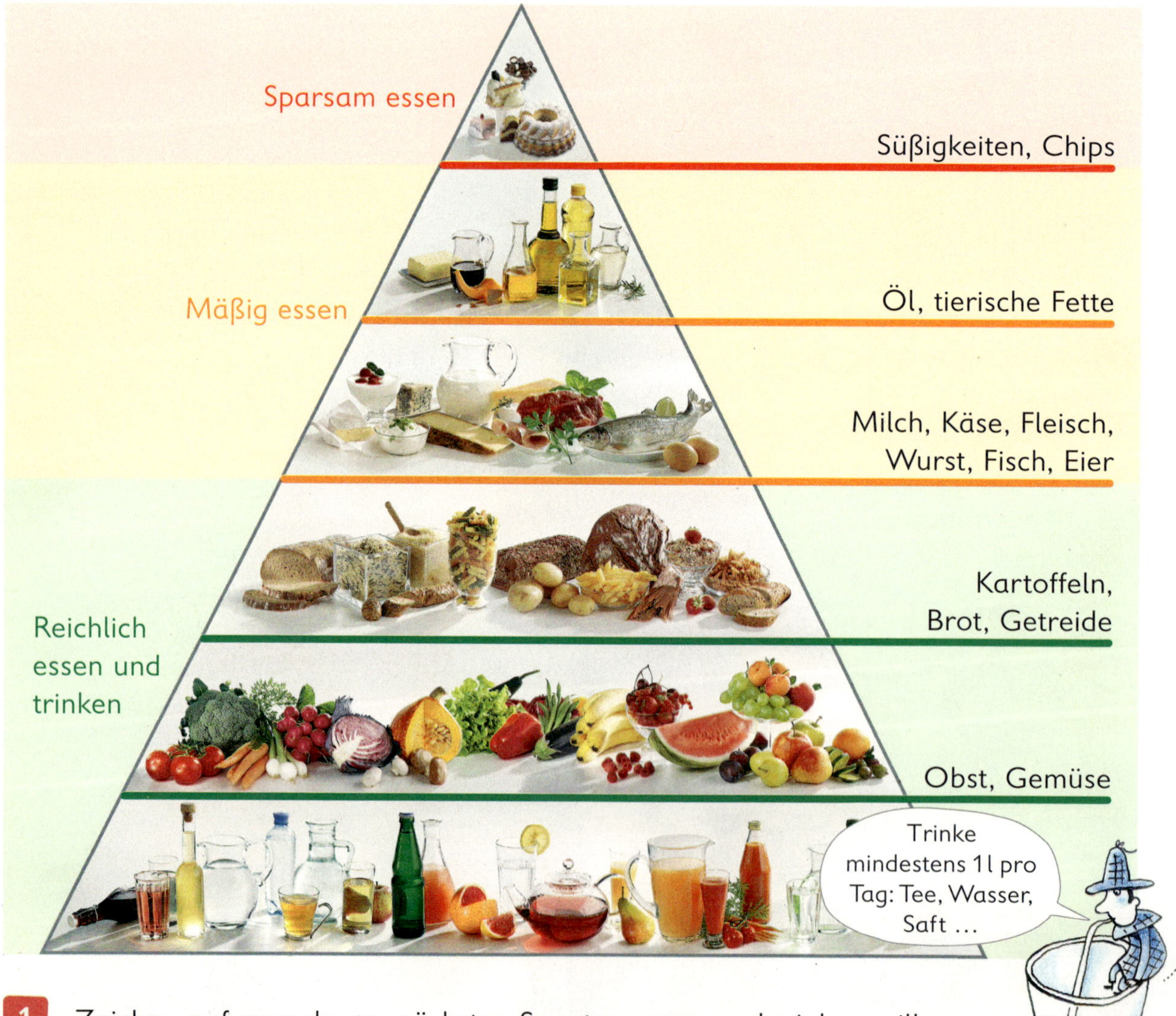

1 Zeichne auf, was du am nächsten Sonntag essen und trinken willst. Schätze mit Hilfe der Nahrungspyramide ein, ob du dich an diesem Tag gesund ernährst. Diskutiert über eure Ergebnisse.

Nahrungspyramide kennen lernen; Lebensmittel als gesundheitsfördernd einordnen; Maßnahmen zur gesunden Lebensweise und gesundheitsfördernden Ernährung nennen

S. 2

Richtig essen und trinken

In einer Grundschule wurden 100 Kinder nach ihren Essgewohnheiten befragt. Das ist das Ergebnis:

Ein Diagramm auswerten

- Ein Diagramm veranschaulicht Mengen. Es hilft, Zusammenhänge zu erkennen:
- Lies die Überschrift.
- Betrachte das Bild und lies die Beschriftung.
- Formuliere die Aussage und bewerte sie.

1 Führt auch an eurer Schule eine solche Befragung durch.

2 Befrage dich selbst: Was tue ich für mich?

Was esse ich zum Frühstück?

Genieße ich mein Essen?

Esse ich frische Lebensmittel?

Weiß ich, was gesund ist und was nicht?

Informiere ich mich über Lebensmittel?

Trinke ich genug und die richtigen Getränke?

Ernährung und Gesundheit

Ernährung und Essverhalten beeinflussen dein Wohlbefinden und deine Gesundheit. Kinder übernehmen oft die Essgewohnheiten ihrer Eltern. Manchmal entwickeln sie auch selbst Vorlieben oder Abneigungen für bestimmte Lebensmittel. Das kann für die Gesundheit gut sein, aber auch zu Fehlernährung und zu Krankheit führen.

1 Vergleiche die Ernährungsgewohnheiten der Personen. Diskutiert in der Klasse darüber.

Tipps zur gesunden Ernährung und Bewegung:

Ich sammle Rezepte für gesunde Gerichte.

Die Augen essen mit.

Nach einem üppigen Essen etwas laufen oder Rad fahren.

Ernährungsgewohnheiten reflektieren, Formen der Fehlernährung erkennen, Maßnahmen zur gesunden Lebensweise nennen, ableiten; …

AH S.17

Fehlernährung ist gekennzeichnet durch:

- einseitiges, ähnliches Essen über lange Zeit
- überwiegende Ernährung durch Fast Food
- zu viel essen
- zu wenig essen.

2 Ergänzt die Tipps zu gesunder Ernährung und Bewegung.
Malt selbst ein Strichmännchen-Lesezeichen für ein Rezeptbuch.

Tipps zur gesunden Ernährung und Bewegung:

Gemeinsam kochen macht Spaß.

Mal ein Stück Schokolade genießen macht gute Laune.

Eine neue Sportart ausprobieren, das hält fit.

Mit den Ohren kann ich hören

So ist das Ohr aufgebaut:

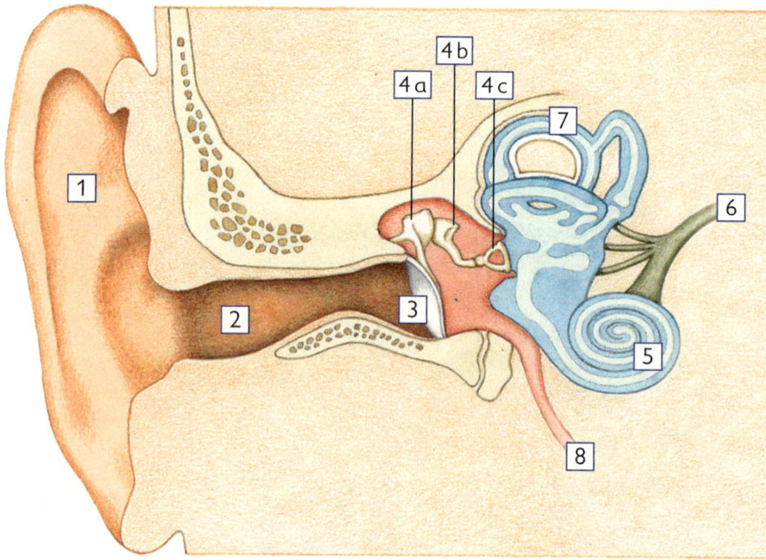

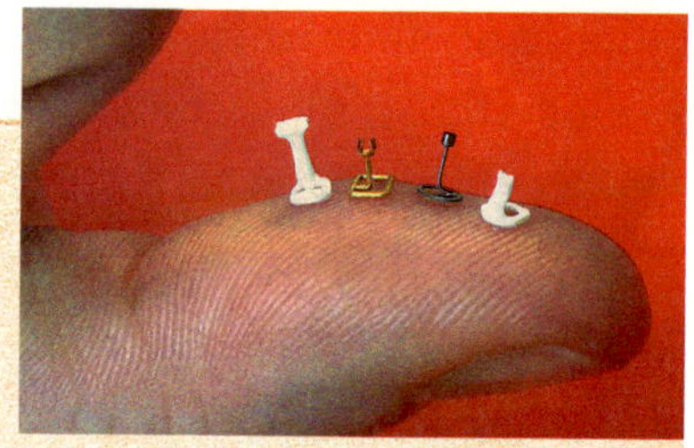

So klein sind Gehörknöchelchen.

1 Nenne und zeige die Teile des menschlichen Ohres.

2 Beschreibe den Hörvorgang.

1 Die Ohrmuschel	fängt Geräusche, Klänge, Töne oder einen Knall (Schall) auf. Sie ist aus Knorpel und elastisch.
2 Der Gehörgang	enthält Ohrenschmalz, das Schmutz und Staub bindet und so den Gehörgang sauber hält.
3 Das Trommelfell	ist eine dünne Haut (Membran). Wenn Schall auf diese Haut drückt, beginnt sie zu schwingen.
4 Drei Gehörknöchelchen	Hammer (4a), Amboss (4b) und Steigbügel (4c), leiten Schwingungen des Trommelfells weiter.
5 Die Schnecke	ist das eigentliche Hörorgan. Im knöchernen Teil sitzt der Hörnerv, der die Schwingungen auffängt.
6 Der Hörnerv	überträgt Reize vom Ohr zum Gehirn, du reagierst: du stellst Musik leiser, die dich stört, oder bringst deinen Körper wieder ins Gleichgewicht …
7 Das Gleichgewichtsorgan	hilft dir das Gleichgewicht zu finden, nachdem du dich schnell gedreht hast oder im Bus der Fahrer plötzlich die Fahrt beschleunigt hat.
8 Die Ohrtrompete	verbindet das Mittelohr mit dem Nasenraum. So kannst du Druckempfindungen im Ohr durch Schlucken oder Gähnen ausgleichen: in einem startenden Flugzeug oder unter Wasser.

Was die Ohrmuschel kann

Ihr braucht:
einen Wecker, Notizzettel, Stift,
ein Hörrohr, aus A4-Blatt gedreht

Geht so vor:
Lauscht so Geräuschen:

- Drückt mit gestrecktem Zeigefinger die Ohrmuscheln nach vorn und nach hinten an den Kopf.
- Legt die Hände hinter die Ohren.

- Legt die Hände vor die Ohren, dreht die Handflächen den Ohrmuscheln zu.
- Richtet ein Ohr zum Wecker, legt das Hörrohr an die Ohrmuschel.
- Notiert Lautstärke und Richtung, aus der die Geräusche kommen.

Wie das Trommelfell arbeitet

Du brauchst:
Plastikbecher, Schere, Gummiring,
Luftballon, Kümmelkörner

Gehe so vor:

- Stich ein Loch in den Becher.

- Spanne ein Stück Luftballon über die Öffnung. Befestige es.
- Lege Kümmelkörner auf die Luftballonmembran („Trommelfell“).

- Halte den Becher, bilde mit der Hand ein Sprachrohr und sprich in das Loch.
- Was tun die Körner? Erkläre.

Geräusche im Raum orten

Das Gehirn erhält Informationen von beiden Ohren. Deshalb könnt ihr Geräusche im Raum genau orten.

- Stellt euch im großen Kreis auf. Je einer geht in die Mitte und schließt die Augen. Macht im Kreis aus allen Richtungen Geräusche: schnippt mit den Fingern, flüstert, scharrt mit den Füßen, spielt auf Klanghölzern …
- Wer in der Mitte steht, ortet jedes Geräusch und nennt die Richtung, aus der es kommt.

Wie Räume klingen

Ihr braucht:
- unterschiedliche Räume
- Stimmen, Instrumente, Papier-/Plastiktüten …

Geht so vor:
- Geht in Räume der Schule, in Keller, in eine Kirche, unter eine Brücke …
- Erzeugt einzelne Geräusche, Töne, Klänge. Erzählt von euren Höreindrücken. Vergleicht sie.

NACHHALL
Echo
laut
leise
deutlich
undeutlich

Nicht hören können

Wie leben Kinder, die nicht hören können? Tobias erzählt mit Gebärden:

Ich heiße Tobias und bin gehörlos. Mir geht es meist gut, aber nicht immer. Um mich ist alles still. Ich bin traurig, wenn ich Musik oder die Stimmen von Mama und Papa oder meinem Bruder Paul nicht hören kann. Sie reden mit mir, aber ich verstehe nicht alles. Im Kindergarten habe ich die Gebärdensprache gelernt, aber nur Mama kann so mit mir reden. Langsam lerne ich, auch Wörter von den Lippen abzulesen. Mein Freund und ich werden oft angestarrt oder nachgeahmt, wenn wir uns mit Gebärden unterhalten. Das ärgert mich. Ich wünsche mir, dass mehr Leute, die hören können, diese Sprache sprechen. Und ich wünsche mir, dass Filme im Fernsehen oder im Kino mit Untertiteln gezeigt werden.

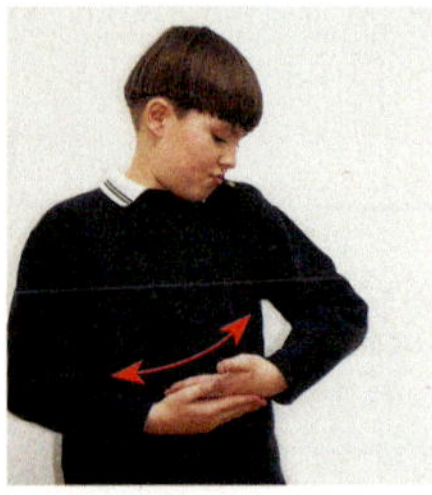
Baby

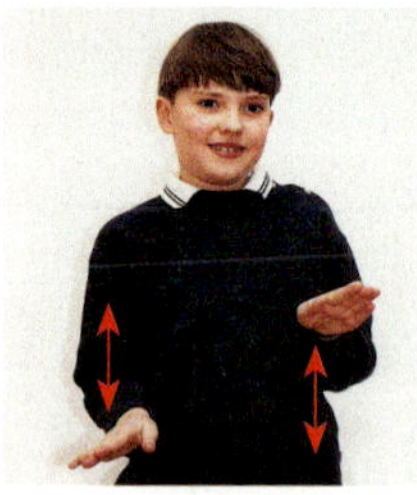
Ente

singen

kochen

Die Gebärdensprache ist eine Sprache mit Zeichen. Es ist schwer, sie zu erlernen, deshalb besuchen gehörlose Kinder meist Gehörlosenschulen.
Für die Sprache werden Gebärden kombiniert: Zeichen mit der Mimik (Gesichtsausdruck), mit den Händen, den Armen und dem Körper, lautloses Sprechen mit dem Mund.
So entsteht eine eigenständige Sprache, wie Deutsch oder Englisch.
In Deutschland leben etwa 60 000 Gehörlose. Für sie gibt es zwar im Fernsehen schon Sendungen mit Gebärdensprache oder mit Untertiteln, aber noch zu wenige. Meist sind es Nachrichtensendungen.

1 Erzähle, was du über gehörlose Menschen erfährst.

2 Welche Fragen habt ihr zum Thema? Notiert sie und sprecht darüber.

★ Erfindet Gebärden: für „ich“, „du“ …

Verständnis für Schwerhörigkeit und Gehörlosigkeit zeigen, Gebärdensprache als eigenständige Sprache respektieren

S. 2

Das internationale Fingeralphabet

Welcher Buchstabe könnte es sein?

Für manche Wörter gibt es keine Gebärdenzeichen. Gehörlose erlernen deshalb auch das Fingeralphabet. So können sie Wörter buchstabieren.

3 Probiere: Buchstabiere mit den Fingern deinen Namen oder deinen Wohnort.

★ Sucht im Internet das Einhand-Fingeralphabet. Stellt auch Zahlen dar.

4 Versuche diese kleinen Geschichten mit Gebärden zu erzählen. Was stellt ihr als Vortragende und als Zuschauer fest?

Heute scheint die Sonne heiß. Lea und ihre Freundin kaufen sich ein großes Eis. Es schmeckt nach Himbeeren und Schokolade.

Luis und Ben sehen auf dem Schulweg einen kleinen Hund. Sie wollen ihn in die Schule locken. Doch der Hund hört einfach nicht auf sie.

Vor der Tür lag etwas Seltsames. Es sah aus wie ein Wollknäuel mit Ohren. Es schnurrte leise, fühlte sich nass an und roch ein bisschen nach Fisch. Was ist es wohl?

★ Denkt euch kleine Geschichten aus. Wenn ihr bestimmte Zeichen verabredet, könnt ihr auch eine Geheimsprache sprechen.

Ein Handzettel für die Erste Hilfe

Willst du dir oder anderen helfen, kann dir ein Handzettel von Nutzen sein. Als Leporello gefaltet kannst du ihn bei dir tragen und im Notfall nachsehen, wie du helfen kannst. Wenn du öfter darin liest, prägen sich wichtige Handlungen fest ein. Um Erste Hilfe selbst zu leisten, brauchst du:

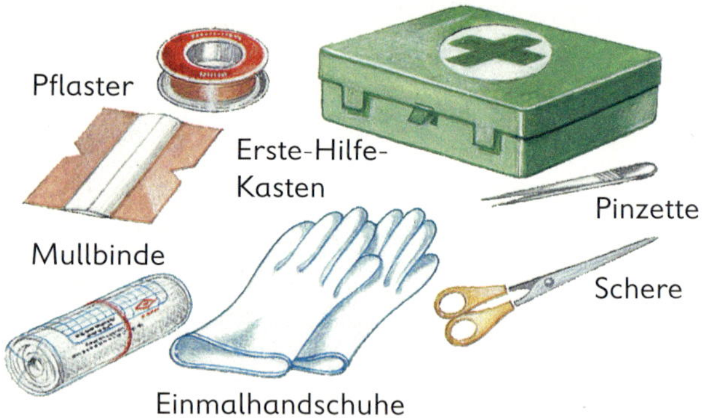

Selbst helfen – aber wie? Kleine Verletzungen

Schnitt- und Schürfwunden
- nur mit sauberen Händen versorgen
- nicht berühren, mit Pflaster oder einem Mullverband bedecken

Verbrennung oder Verbrühung
- verbrannte oder verbrühte Stelle sofort unter kühles Wasser halten, keimfrei verbinden

Sonnenbrand
- mit feuchtem Tuch kühlen
- an einen kühlen Ort gehen
- zum Arzt gehen

Nasenbluten
- den Kopf nach vorn beugen
- kalte Umschläge in den Nacken legen

Insektenstiche
- selbst Ruhe bewahren oder andere beruhigen
- kühlen, Zwiebelscheiben auflegen

Hilfe holen – aber wie? Brand • Unfall • Badeunfall

So mache ich es richtig:
- Ruhe bewahren
- Erwachsene herbeiholen
- Notruf wählen (kostenfrei)

Notruf-Nummern
- Feuerwehr **112**
- Polizei **110**

Sprich langsam und deutlich:
Sage, wer spricht (Name des Anrufers)!

WO	ist es passiert? (Adresse, Ort)
WAS	ist passiert? (Brand, Verkehrsunfall)
WIE VIELE	Verletzte?
WELCHE	Verletzungen?
WARTEN	auf Rückfragen

Verhaltensregeln in Notsituationen beschreiben; einfache Maßnahmen der Ersten Hilfe anwenden; Informationen zielgerichtet auswählen, beurteilen

Bei uns und anderswo

Wie kann ich mich mit einem Ortsplan orientieren?
Was sollte ich über meinen Heimatkreis wissen?
Ich will Rad fahren, was muss ich wissen und können?

Ein Modell der Schule bauen ...

Um ein Modell eures Schulgeländes zu bauen, müsst ihr alles von allen Seiten genau betrachten:

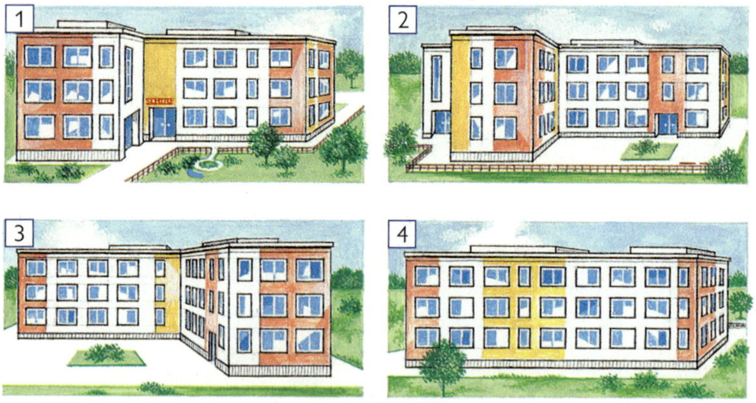

Ein Gelände erforschen

- Erkundet:
  - die Begrenzungen des Geländes,
  - Zugänge und Zufahrten,
  - die Anzahl der Gebäude und wie sie aussehen,
  - Wege, Anlagen, Bäume,
  - wie Gebäude und Anlagen zueinander stehen (Abstand, Richtung).

1 Sammelt Material. Baut Gebäude, Bäume ...

2 Ordnet alles auf einem großen Packpapier an. Malt die Wege auf.

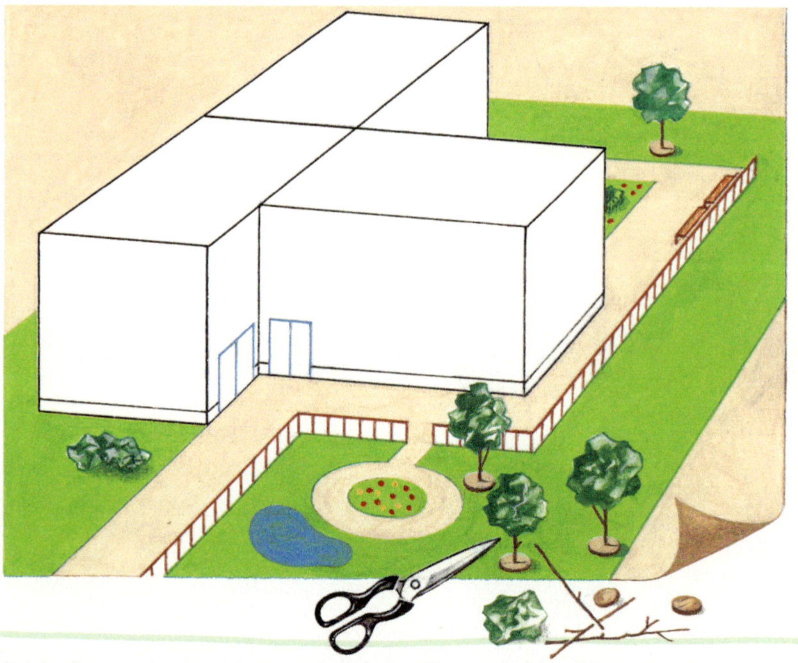

Beachtet:

- In einem Modell ist alles kleiner und einfacher: Häuser, Wege, Plätze, die Räume zwischen ihnen.
- Gebäude und Anlagen sind wie in der Wirklichkeit unterschiedlich groß.
- Alles muss so angeordnet sein, wie es auf dem Schulgelände zu sehen ist.

Sich im Raum orientieren lernen, mit Hilfe von Skizzen und Modellen einen Plan entwickeln und als geordnete Darstellung der Wirklichkeit verstehen; ...

AH S.19, 20

S. 10, S. 11

… und einen Plan davon zeichnen

So entsteht aus eurem Modell ein Plan.

- Umfahrt mit Stiften die Grundflächen der Häuser. Nehmt sie dann vom Papier herunter.
- Auf dem Papier seht ihr nun die Grundrisse der Gebäude. Alle Gebäude und Wege sind einfacher, kleiner und in der richtigen Lage zueinander aufgezeichnet.
- Vervollständigt euren Plan mit Grundrissen für Anlagen, Bäume und dem, was ihr sonst noch im Modell eures Schulgeländes dargestellt habt. Erfindet dafür Grundrisse und zeichnet sie farbig in den Plan.

Beet Zaun Teich Weg Baum Bank

- Tragt in euren Plan die Haupthimmelsrichtungen ein. Orientiert euch dafür am Sonnenstand.
  N – Norden **S** – Süden **O** – Osten **W** – Westen

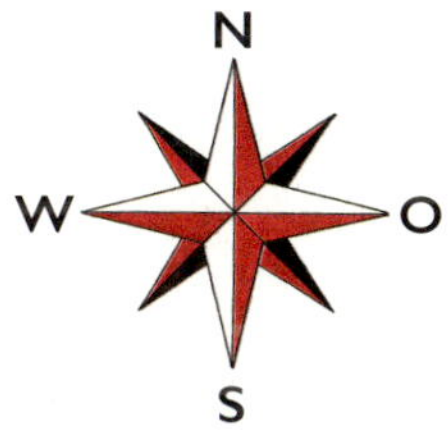

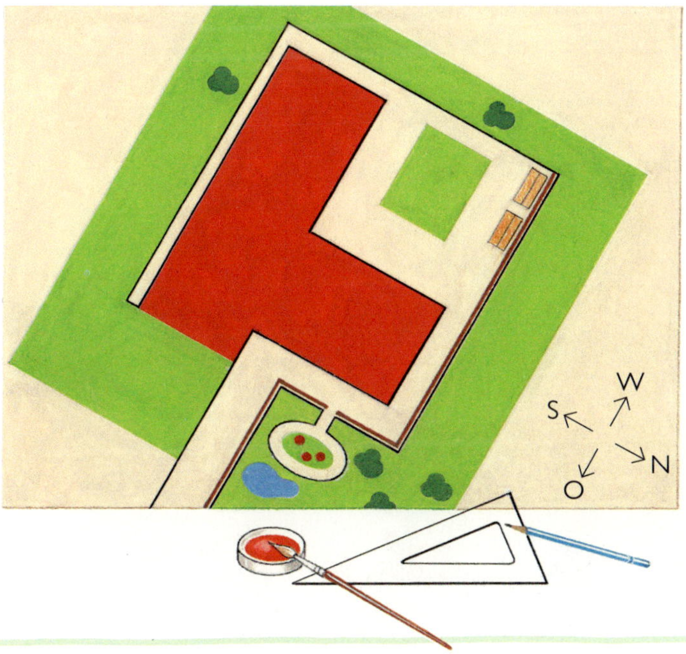

- Gebäude
- Grünanlage
- Beet
- Baum
- Weg
- Zaun
- Bank
- Teich

- Mit Hilfe dieser Legende ist euer Plan „lesbar". Sie erklärt die Farben, Linien und Zeichen.

Einen Ortsplan lesen und den Weg finden

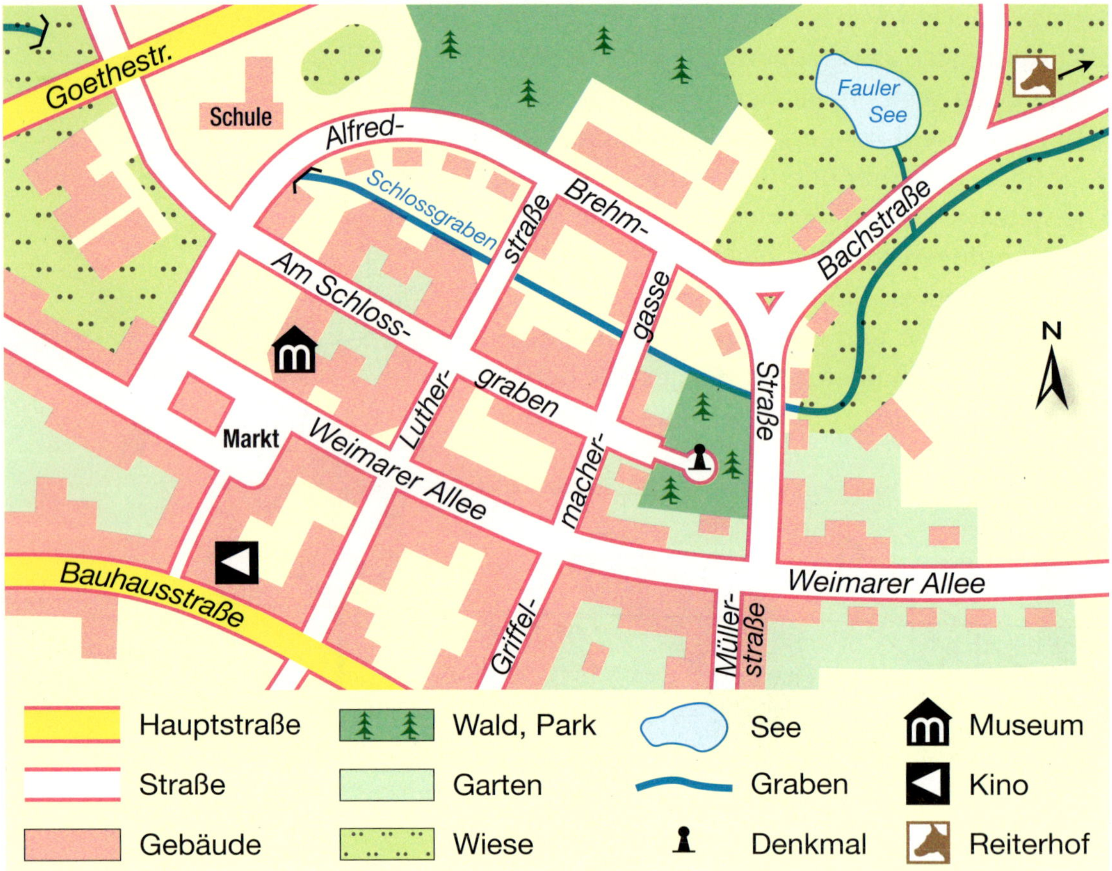

Ein Ortsplan zeigt Straßen und Gebäude, Plätze und Grünanlagen eines Ortes. Sie sind auf einer Fläche noch einfacher und kleiner in Grundrissen dargestellt. Zu jedem Plan gehört eine Legende, die alle Zeichen und Farben im Plan erklärt.

Auf dem Plan weist die Nordrichtung zum oberen Kartenrand.

Mit einem Ortsplan kannst du dich über einen Ort informieren, auch wenn du noch nie dort warst.

1 Arbeitet mit dem Ortsplan. Erfindet Aufgaben.

2 Findet auf dem Plan besondere Gebäude und das Denkmal.

Sich im Raum orientieren lernen, dazu mit Plänen arbeiten; Bedeutung der Legende erklären; einen Plan als geordnete Darstellung der Wirklichkeit verstehen

AH S.21

Landkarten sind Orientierungshilfen

Karten helfen, sich in der Umgebung zurechtzufinden.
Eine Karte zeigt ein noch größeres Gebiet als ein Ortsplan.
Darauf ist alles noch kleiner und einfacher dargestellt.
Viele verschiedene Karten liefern unterschiedliche Informationen:

In eine Wanderkarte sind Wanderwege eingezeichnet.

Mit einer Straßenkarte informieren sich Kraftfahrer über den Verlauf der Straßen.

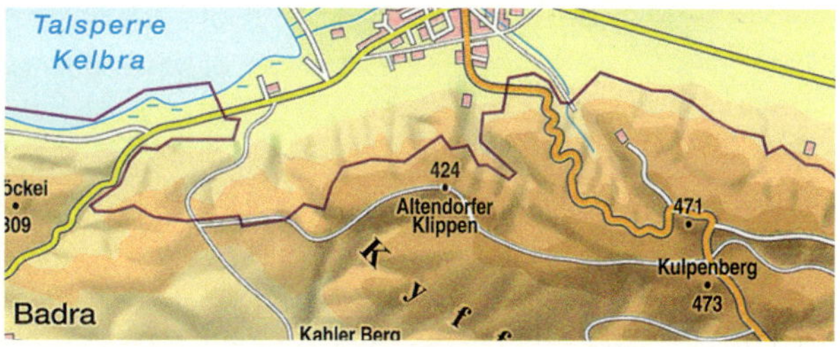

Eine physische Karte zeigt die Gestalt der Oberfläche eines Gebietes
mit Gewässern, Siedlungen, Hügeln und Bergen, Verkehrswegen und Grenzen.

Unser Heimatkreis – Landschaften und Höhen

Eine Ebene ist ein weites, flaches Gebiet. Dort gibt es keine Berge und keine Hügel.
In manchen Ebenen aber sind flache Bodenwellen zu finden.
Man kann weit ins Land schauen.

Ein Hügel erhebt sich nur wenig über seine Umgebung.
Hügel sind meist nicht höher als 200 m.
Sie haben abgerundete Kuppen und manchmal lang gezogene Rücken oder flache Hänge.
Oft liegen mehrere Hügel hintereinander wie eine Kette.
Landschaften mit Ebenen und Hügeln nennt man Tiefland.

Ein Berg überragt seine Umgebung.
Berge können über 1 000 m hoch sein.
Manche Berghänge fallen steil ab.
In den Tälern zwischen den Bergen fließen oft Bäche und Flüsse. Manchmal füllen kleine Seen die Talböden.
Berge und Täler oder eine Kette von mehreren Bergen sind Gebirge.

★ Welche Landschaftsformen kannst du in deiner Umgebung entdecken?

Sich im Raum orientieren lernen, Landschaften benennen, wiedererkennen; seinen Lebensraum mit den Landschaften wertschätzen, Schönheiten der Region annehmen

Wie zeigen flache Karten hohe Berge?

Das ist eine Landschaft mit Berg und Tal. Es sind kleine Häuser, Wiesen, Felder und Bäume zu sehen. Ein Fluss fließt in einen See.

Modell eines Berges bauen

Ihr braucht:

- Styropor, Schere, Messer,
- eine Schablone aus Pappe,
- Farben, Bleistift, Pinsel,
- ein Glas mit Wasser.

Geht so vor:

- Markiert die Höhenlinien.
- Malt die Höhenschichten mit passenden Farben aus.

So kann man die Landschaft mit Höhenlinien und Höhenschichten vereinfacht darstellen. Jede Höhenschicht hat eine andere Farbe.

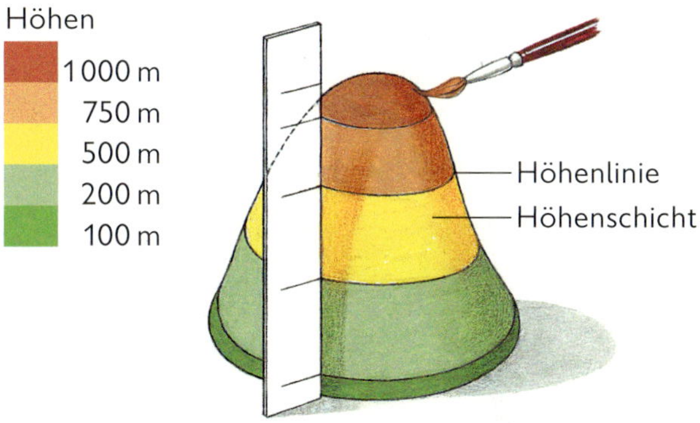

So kann euer Modell des Berges von der Seite aussehen. Höhenlinien sind eingezeichnet. Jede Höhenschicht hat eine andere Farbe.

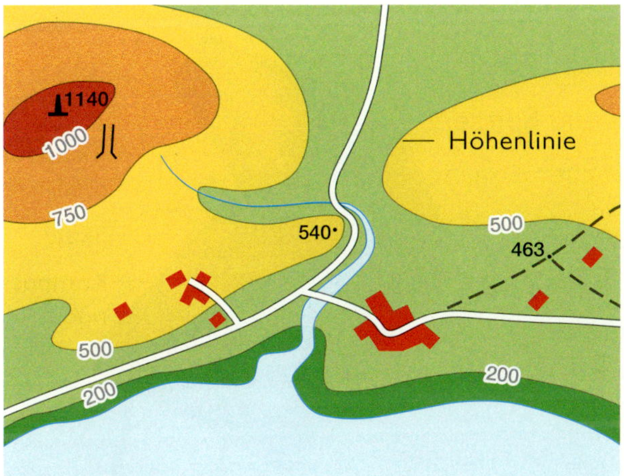

Von oben betrachtet sehen die Höhenschichten wie farbige Flächen aus. Hier sind Höhenlinien und Höhenschichten auf einer Karte dargestellt.

1 Stellt den Berg als farbige Fläche dar.

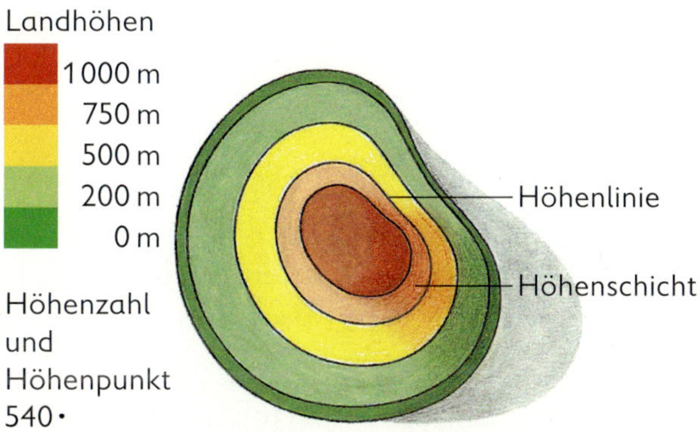

Wenn ihr euer Bergmodell von oben betrachtet, wirkt es wie eine farbige Fläche. So ähnlich sieht ein Berg auf einer Karte aus.

Sich im Raum orientieren lernen, Karten als geordnete Darstellung der Wirklichkeit verstehen; Kartenlegende erklären, Höhenlagen auf der Karte bestimmen lernen

S. 14

Mit Karte, Kompass und Weitblick

Auf einer Karte weist die Nordrichtung immer zum oberen Kartenrand.

1 Zeige auf der Karte Süden, Südosten, Osten, Westen.

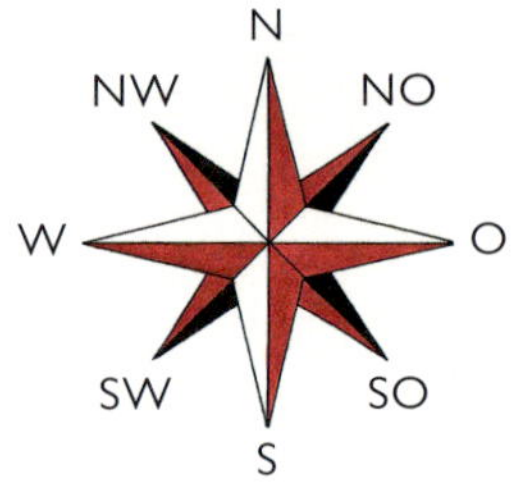

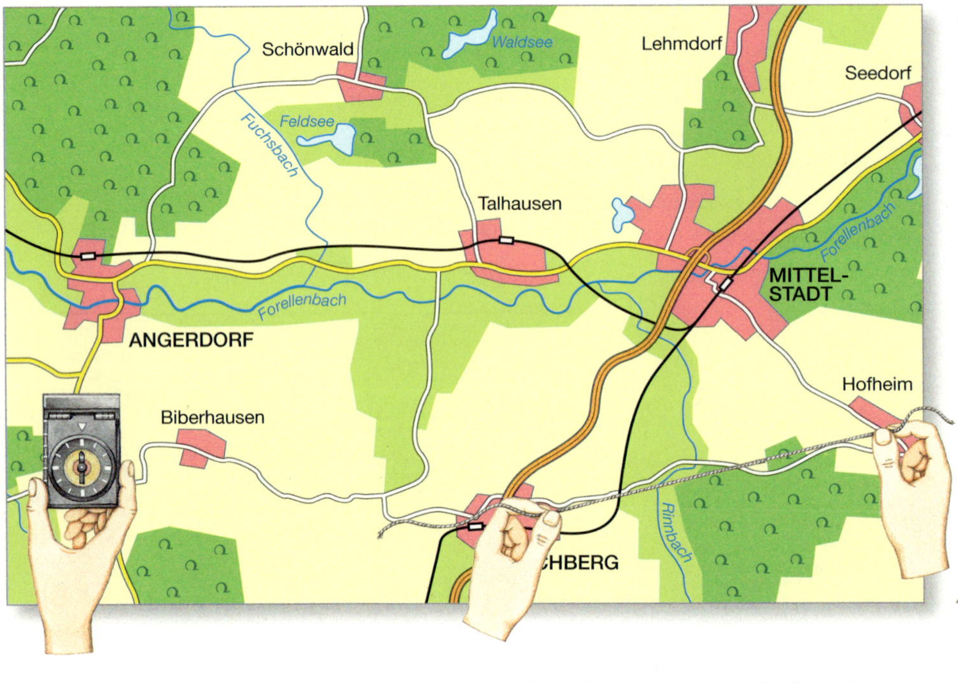

Mit einem Kompass findest du Himmelsrichtungen im Gelände.

Willst du im Gelände nach der Karte wandern, musst du die Karte mit dem Kompass nach Norden ausrichten, das heißt, die Karte einnorden.

- Drehe im Kompass die Skala, bis das **N** zum Richtungspfeil weist.
- Lege dann den Kompass mit der Anlegekante an den Rand der Karte.
- Drehe die Karte mit dem Kompass so, dass die Spitze der Kompassnadel auf das **N** in der Skala zeigt.

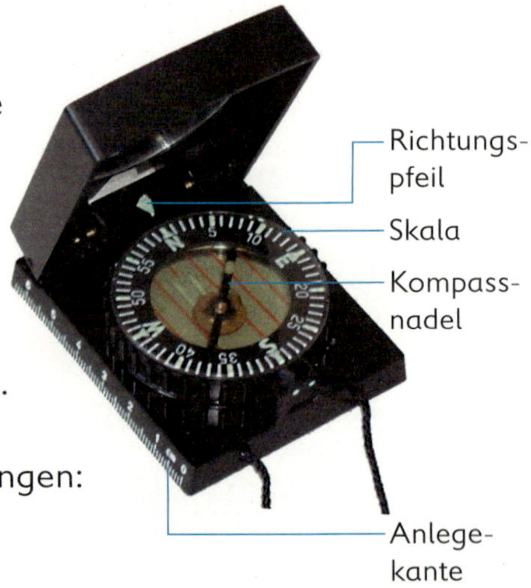

Um Entfernungen zu messen, halte eine feste Schnur an die Endpunkte der zu messenden Strecke. Schneide die Schnur an beiden Enden ab. Miss die Länge der Schnur. Errechne die Entfernung anhand des Maßstabes.

2 Messt auf einer Karte des Heimatkreises Entfernungen:

- vom Schulort zur nächsten kreisfreien Stadt,
- die kürzeste Strecke Schulort – Kreisgrenze,
- zwischen zwei Städten eures Heimatkreises.

Sich im Raum orientieren lernen, Nutzung des Kompasses beschreiben; Kompass anwenden, Karte einnorden; Haupt- und Nebenhimmelsrichtungen bestimmen

AH S.22

S. 10, S. 11

Unser Heimatkreis – eine Karte lesen

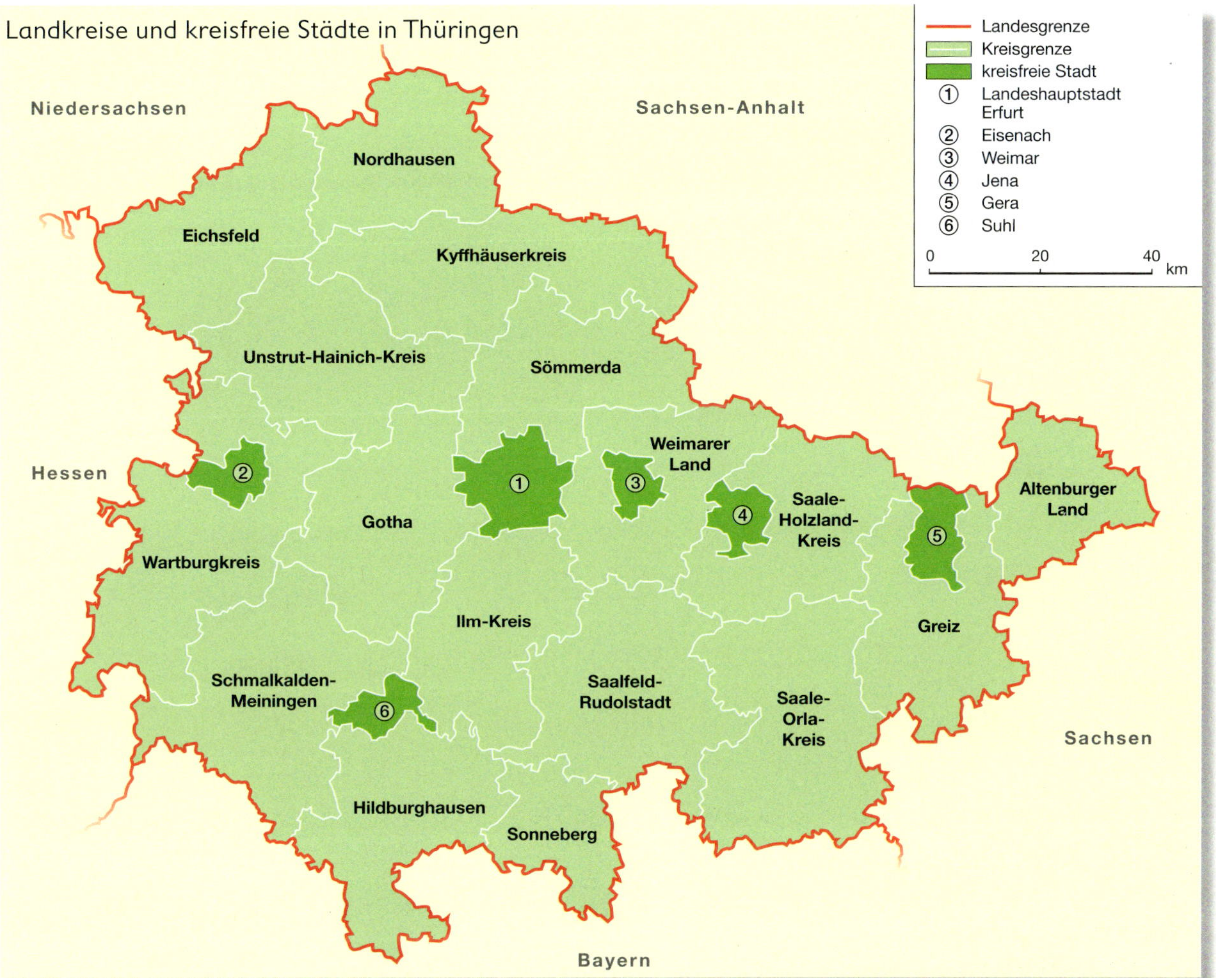

Jede Karte wird erklärt: Die Überschrift sagt, was abgebildet ist. Die Legende hilft, die Karte zu verstehen. Mit der Maßstabsleiste kann man Entfernungen messen.

1 Lies den Wegweiser. Löse dann die Aufgaben.

- Wie viele Landkreise hat Thüringen?
- Wie heißen die kreisfreien Städte?

- In welchem Landkreis oder in welcher kreisfreien Stadt wohnst du?

- Nenne die Nachbarkreise.

- Zeichne den Umriss deines Kreises.

Eine Karte lesen

- Lies die Überschrift.
- Lies die Legende. Formuliere: Die Linien bedeuten …, die Zahlen …
- Schau die Maßstabsleiste an.
- Miss die längste Entfernung von Ost nach West und von Nord nach Süd.

Die Wirtschaft des Heimatkreises erkunden …

In deinem Ort und in deinem Heimatkreis leben viele Menschen. Sie arbeiten hier und kaufen ein, sie fahren mit dem Bus oder der Bahn, sie besuchen Kinos, Gaststätten oder ein Stadion. Alle Arbeitsstätten, wie Industriebetriebe, Betriebe der Handwerker oder Landwirte sowie Geschäfte, bilden die Wirtschaft deines Heimatkreises.

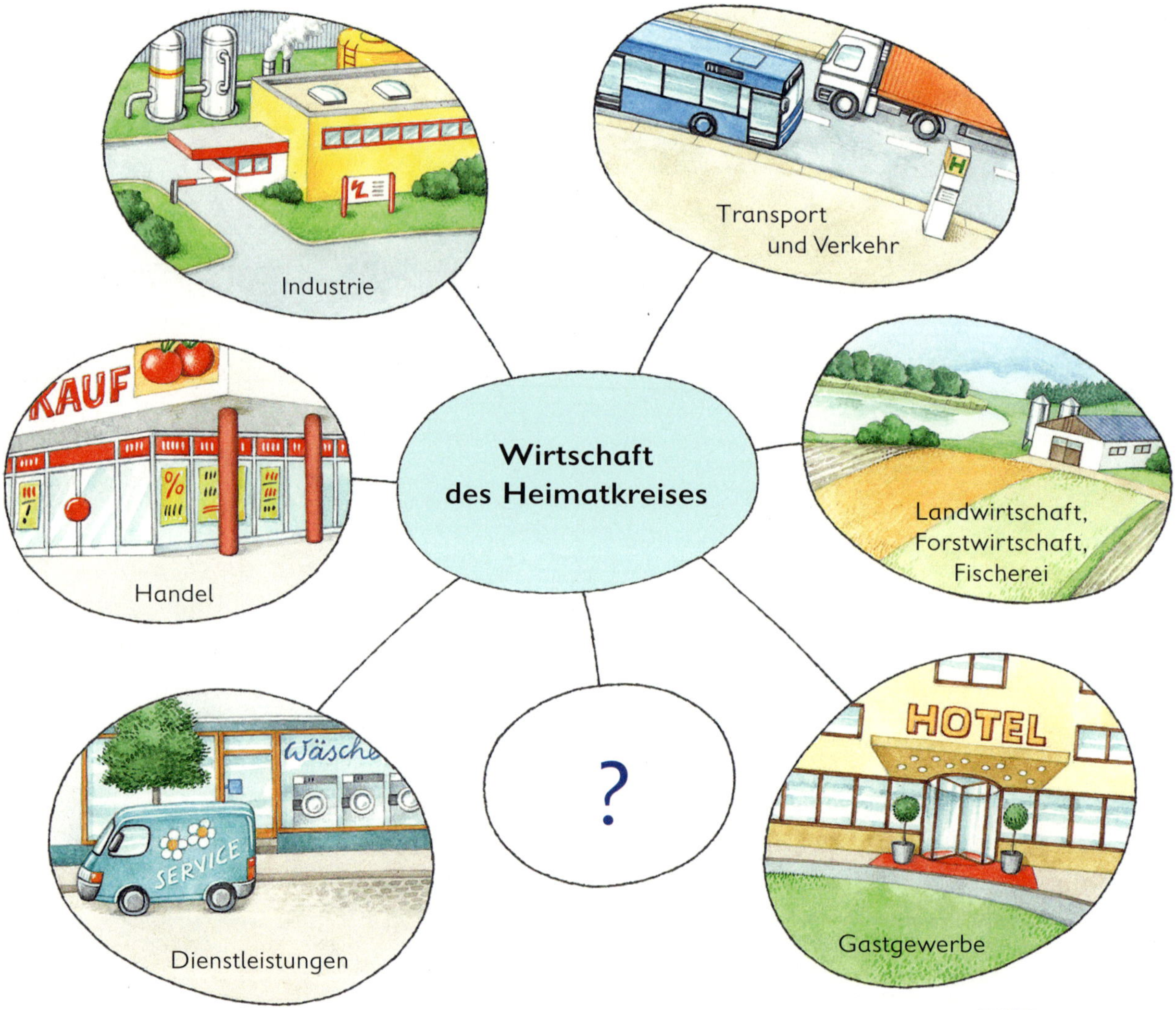

1 Was gehört in deinem Heimatort zur Wirtschaft?

2 Welche Transportwege gibt es in eurem Ort? Wohin führen sie?

3 Informiert euch über die Wirtschaft eures Heimatkreises. Legt eine Übersicht an. Benennt Betriebe, Geschäfte, …

Die Wirtschaft der Region und deren Bedeutung vorstellen, erklären; Verflechtungen mit anderen Regionen erkennen; Informationen auswählen, erschließen, erörtern

AH S.25, 26
S. 4, S. 5

... und präsentieren

So könnt ihr die Wirtschaft eures Kreises präsentieren:

Forsche nach: Welche Produkte aus dem Heimatkreis nutzt deine Familie?

Mit dem Rad fahren – Was muss ich wissen?

Auf der Straße sind Radfahrer und Fußgänger auch Verkehrsteilnehmer. Deshalb müssen sie Verkehrsregeln, Vorschriften und Verkehrszeichen kennen und beachten. So schützen sie sich und andere vor Gefahren.

Die wichtigste Regel:

„Die Teilnahme am Straßenverkehr erfordert ständige Vorsicht und gegenseitige Rücksicht. Jeder Verkehrsteilnehmer hat sich so zu verhalten, dass kein anderer geschädigt, gefährdet oder mehr als vermeidbar behindert oder belästigt wird.“

- *Wo ist diese Regel aufgeschrieben?*

Achtung, Radfahrer!

- *Kinder bis 8 Jahre müssen mit ihrem Fahrrad Gehwege benutzen, Kinder bis 10 Jahre dürfen Gehwege benutzen.*
- *Radfahrer müssen einzeln hintereinander fahren.*
- *Die Fußgängerzone ist kein Radweg!*
- *Radfahrer müssen alle Verkehrszeichen beachten, auch Ampeln und Markierungen auf der Fahrbahn.*

- *Welche Regeln sind noch zu beachten?*

Wichtige Verkehrszeichen kennen und beachten

Vorschriftzeichen

Radweg

Gemeinsamer Geh- und Radweg

Getrennter Rad- und Gehweg

Verbot für Radverkehr

Halt. Vorfahrt gewähren.

Gefahrzeichen

Gefahrstelle

Arbeitsstelle

Einseitig verengte Fahrbahn

Unebene Fahrbahn

Fußgänger

1 Gestaltet einen Aufsteller zum Thema „Rad fahren“.

Wichtige Verkehrsregeln der STVO kennen, um als Radfahrer am Straßenverkehr teilnehmen zu können, Einhaltung von Rechten und Pflichten einschätzen

AH S.27

S.5

Mit dem Rad fahren – Was muss ich können?

Wir üben im Verkehrsgarten oder in einem anderen sicheren Gelände.
Jede Übung wird bewertet:

Training auf dem Übungsplatz

Zügig anfahren, ohne zu wackeln

Sicher geradeaus fahren
Zeichnet eine etwa 80 cm breite und etwa 3 m lange Gasse.
Jeder fährt zügig an und bleibt in der Gasse.

Nach hinten sehen, dabei geradeaus weiterfahren

Schulterblick
Schaut beim Durchfahren der Gasse nach hinten.
Dort wird ein Schild hochgehalten.
Was steht darauf?

Mit einer Hand fahren
Fahrt durch die Gasse: einmal nur mit der rechten und einmal nur mit der linken Hand am Lenker.

Sicher mit einer Hand fahren

Stark bremsen
Stellt einen Kegel auf.
Fahrt aus 10 m Entfernung darauf zu und bremst.

Bei Gefahr stark bremsen, ohne zu stürzen

★ Ermittelt euren Verkehrs-Champion.

So ist mein Fahrrad verkehrssicher

Im Straßenverkehr muss dein Fahrrad mit diesen Teilen ausgerüstet sein.
Das ist vorgeschrieben, damit dein Fahrrad verkehrssicher ist.

Nur wenn alle Teile an deinem Fahrrad funktionieren, ist es auch betriebssicher.

Die Kette muss straff gespannt sein, sonst kann sie abspringen.

Die Reifen sollten weder zu wenig noch zu stark aufgepumpt sein. Sie müssen genug Profil haben. Nur so rollen sie sicher.

Der Bremshebel darf auch bei starkem Bremsen nicht den Lenkergriff berühren. Er darf sich auch nicht zu leicht bewegen.

Sattel und Lenker sind richtig eingestellt, wenn deine Füße den Boden gerade noch berühren.
Alle Schrauben müssen fest angezogen sein.

1 Prüfe, ob dein Fahrrad verkehrs- und betriebssicher ist.
Lass dein Fahrrad ab und zu von einem Fachmann überprüfen.

Ein verkehrs- und betriebssicheres Fahrrad beschreiben, das eigene Fahrrad überprüfen; beim Radfahren vorausschauend Schutzmaßnahmen berücksichtigen

AH S.29

Mit dem Fahrrad im Straßenverkehr

Solche Situationen gibt es oft im Straßenverkehr.
Jeder Verkehrsteilnehmer muss dann genau wissen, was zu tun ist.

Eine Regel heißt: „An Kreuzungen und Einmündungen hat die Vorfahrt, wer von rechts kommt“, kurz gesagt: „rechts vor links“.
Wer fährt hier zuerst?

Wenn Verkehrszeichen die Vorfahrt regeln, ist die Regel „rechts vor links“ aufgehoben:

Halt. Vorfahrt gewähren.
Bei diesem Zeichen müssen Fahrzeuge immer an der Haltelinie anhalten, auch wenn von links und rechts kein Fahrzeug kommt.
Wann dürfen sie weiterfahren?

Fußgängerüberweg
Alle Fahrzeuge müssen vor dem Überweg anhalten, wenn sich Fußgänger darauf befinden.
Wann dürfen sie weiterfahren?

Vorrang des Gegenverkehrs
Hier ist eine Baustelle. Das Zeichen gibt an: Der Gegenverkehr hat Vorrang.
Wer darf zuerst fahren?

Vorfahrt gewähren.

1 Fotografiert das Zeichen ▽ an einer Kreuzung.
Informiert euch, was es bedeutet.

2 Gestaltet eine Übersicht mit Texten, Bildern und Fragen zu Verkehrszeichen in eurer Umgebung.

Mit einem Plan umgehen

Das ist ein Ausschnitt aus dem Stadtplan von Erfurt.
Ihr könnt euch darin selbstständig zurechtfinden.

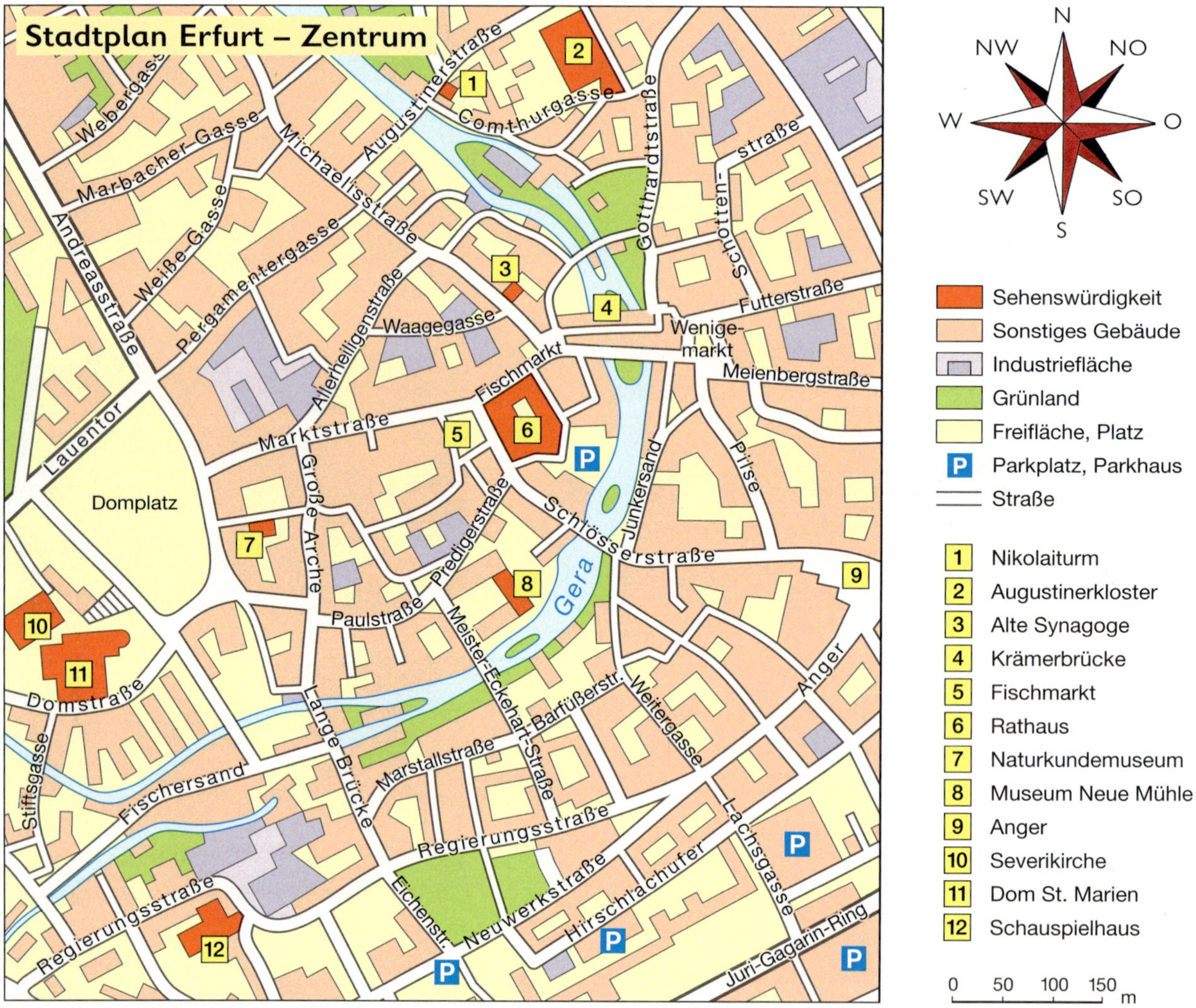

1 Arbeitet in Partnerarbeit mit diesem Plan. Notiert eure Ergebnisse.

A Welcher Fluss fließt durch Erfurt?

B Findet auf dem Plan den Dom, die Krämerbrücke und eine andere Sehenswürdigkeit. Beschreibt deren Lage in der Stadt.

C Nennt 3 Straßen und Plätze, an denen Sehenswürdigkeiten liegen, zum Beispiel: Das Museum Neue Mühle befindet sich …

D Jeder beschreibt einen Weg durch das Erfurter Zentrum.

- Wähle einen Ausgangspunkt und einen Zielpunkt.
- Bestimme die Entfernung deines Weges.
- Finde den kürzesten Fußweg zwischen Ausgangspunkt und Ziel.

Sich im Raum orientieren lernen, dazu mit Plänen arbeiten, Legende erklären; einen Plan als geordnete Darstellung der Wirklichkeit verstehen

Früher und heute

Wie lebten die Thüringer früher, wie leben sie heute?
Welche Feste feiern Kinder in anderen Ländern?
Worüber informieren uns Quellen?

Deine Umgebung verändert sich

Alles verändert sich ständig:
In der Natur wechseln die Jahreszeiten. Damit ändern sich auch die Tätigkeiten der Menschen auf Feldern und in Gärten: pflügen, säen oder pflanzen, ernten …

Alle in deiner Familie, Eltern, Geschwister, du selbst …, werden älter und verändern sich. Manche Ereignisse verändern unseren gesamten Alltag: wenn Vater oder Mutter arbeitslos werden, wenn ein Kind geboren wird, wenn jemand aus der Familie erkrankt oder stirbt …

Im Wohnort erzählen Häuser und Brücken von alter Baukunst und modernen Bauweisen. Wo früher eine Wiese war, stehen heute schmucke Reihenhäuser. Zu Hause nutzt ihr Gegenstände, die vor 100 Jahren erfunden wurden. Andere gibt es erst seit kurzer Zeit. Im Internet findest du Bilder von der neuesten Mode, aber auch von der Mode vor 500 Jahren. Im Radio hörst du alte Musik und deinen neuen Lieblings-Hit …

Veränderung erkennen

- Vergleiche:
  - Wie unterscheiden sich Neues und Altes?
  - Wie war ein Vorgang vorher, wie ist er nachher?
  - Wie sah etwas früher aus?
  - Wie sieht es heute aus?
- Suche Gründe für Veränderungen.

Noch vor 100 Jahren mussten Bauernfamilien bei der Getreideernte schwer körperlich arbeiten: zuerst das Getreide mit Sensen mähen, dann die Halme sammeln, zu Garben zusammenbinden und zu Puppen aufstellen.

Etwa im Jahr 1920 gab es die ersten Mähbinder. Diese Maschinen mähten das Getreide und bündelten die Halme sofort zu Garben. Die Garben wurden nur noch zum Trocknen aufgestellt. Die Arbeit bei der Getreideernte wurde leichter.

1 Informiere dich im Internet, wie ein Mähdrescher arbeitet.
Wie erleichtern Mähdrescher heute die Arbeit der Landwirte?

 Räume bewusst wahrnehmen, als Wechsel von Erschließung, Gestaltung und Nutzung begreifen, Achtung vor dem Leben früherer Generationen entwickeln

AH S.33

S. 2, S. 4

Schon vor Jahrhunderten machten die fruchtbaren Böden im Altenburger Land auch die Bauern reich. Das zeigt die Altenburger Bauerntracht. Sie war aus kostbaren Stoffen, wie Seide oder Kattun, gefertigt und mit Perlen und Seidenbändern geschmückt. Bräute und Brautjungfern trugen ein Hormt, einen reich verzierten Kopfschmuck. Zur Männertracht gehörten ein langer Mantel, ein kleiner runder Hut und weiße Seidenstrümpfe.

2 Erfrage, wann Thüringer heute Trachten tragen.

3 Beschreibe ein Foto. Was erfährst du über früher?

Johann Wolfgang von Goethe
Geboren 1749 Frankfurt am Main
Gestorben 1832 in Weimar

Dieses alte Gemälde zeigt Johann Wolfgang von Goethe, den deutschen Dichter, Naturforscher, Staatsmann und Theaterleiter, der lange Zeit in Weimar lebte. Er schrieb Theaterstücke, Romane, Gedichte und wissenschaftliche Werke und war schon damals bis über die Landesgrenzen bekannt. Für seine Forschungen legte er großartige Sammlungen an: Samen, Früchte, Schnecken, Muscheln, Steine aller Art, geschliffene Gläser, Tapeten, Experimentiergeräte, Bildhauerarbeiten, Gemälde, zahlreiche Bücher …
Viele Stücke brachte er von seinen Reisen in andere Länder mit.

Heute wird Goethes Werk in vielen Ländern gelesen, an Theatern gespielt und erforscht. Touristen aus aller Welt reisen nach Weimar, um die Museen im Haus am Frauenplan und im Gartenhaus zu besuchen. Sie wollen wissen, wie Goethe arbeitete, wohnte und welche Pflanzen er anbauen ließ. Und sie bestaunen seine Sammlungen.

★ Was sammelst du?
Erzähle davon oder zeige etwas.

Goethes Wohnhaus am Frauenplan heute

Solche Häuser wurden im Schiefergebirge früher häufig gebaut. Sie sind ganz mit Schiefer umhüllt. Schiefer, ein Schichtgestein, wurde im Thüringer Schiefergebirge bereits vor 800 Jahren abgebaut. Es lässt sich in dünne Platten spalten, aus denen man Wandverkleidungen, Dächer, Mauern und Wege herstellen kann.

Bis heute werden Dächer traditionell mit haltbarem Schiefer gedeckt. Dafür kommt der Schiefer oft aus Spanien, der Abbau in Thüringen ging zurück.

Vor 450 Jahren begann im Saalfelder Bergwerk der Abbau von Alaunschiefer. Mit dem Salz Alaun gerbte man Felle oder düngte. Im Stollen zeigten sich damals erste Tropfsteine. Als das Bergwerk schloss, vergaß man es. 300 Jahre lang formten Tropf- und Quellwasser eine Tropfsteinhöhle. Sie dient seit 1914 als Schaubergwerk.

Heute gelten die Saalfelder Feengrotten als farbenprächtigste Schaugrotte der Welt. Der Rundgang führt über 3 Etagen, vom Bergmann Sohlen genannt, bis in 35 Meter Tiefe. Zu sehen sind Arbeitsstätten der Bergleute, unzählige Tropfsteinformen, Seen und Höhlen, wie der Märchendom. Über 100 Farbschattierungen schimmern: gelb, rot, blau, grün, violett und schwarz.

★ Finde heraus, wie Tropfsteine entstehen. Nutze die Bilder. Erkläre.

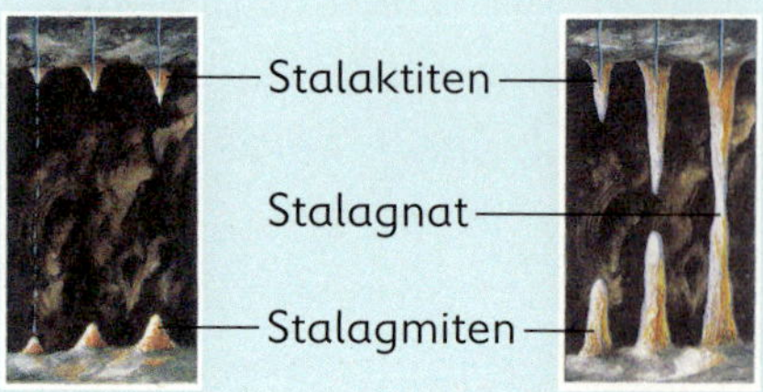

Entstehung und Entwicklung ausgewählter Sehenswürdigkeiten im Kontext weitreichender Tradition und Kultur kennen lernen; …

AH S.31, 32

S.2

Schon 1926 wurde in Jena das Zeiss-Planetarium eröffnet. Dort betrachteten die Menschen an der weißen, halbkugelförmigen Kuppel farbige Bilder des Sternhimmels und der Planeten. Sie wurden mit einem Projektor an die Kuppel geworfen.

Heute arbeitet das Jenaer Planetarium, das älteste der Welt, mit modernster Technik und als erstes Planetarium in Europa mit Laser. Sechs Laserprojektoren zeigen auf der gesamten Kuppel farbintensive Bilder des Sternhimmels und der Planeten.

Nach dem Zweiten Weltkrieg wurde Deutschland geteilt. Es gab den „Osten", die Deutsche Demokratische Republik, und den „Westen", die Bundesrepublik Deutschland.
1961 ließ die Regierung der DDR die Grenze mit Mauern, Stacheldraht, Minen und Wachtürmen sichern und von Grenzsoldaten streng bewachen. Sie wollte damit auch verhindern, dass DDR-Bürger in den Westen flüchten.

Im November 1989 musste die DDR-Regierung die Grenze öffnen, nachdem Tausende Menschen in der DDR für Veränderungen demonstriert hatten. Viele Thüringer feierten zusammen mit ihren Nachbarn in Bayern, Niedersachsen und Hessen.
Seit dem 3. Oktober 1990 gehört die DDR zur Bundesrepublik Deutschland.
Aber noch ist die lange Zeit der Teilung im Osten und im Westen zu merken.

4 Frage Zeitzeugen, was sich für sie nach der Grenzöffnung verändert hat.

Waschen, kochen, heizen – früher und heute

Solch eine Wasserpumpe stand vor 135 Jahren auf vielen Bauernhöfen in Thüringen. Damit wurde Grundwasser aus der Erde gepumpt. Mit Kannen und Eimern trug man das sehr kalte Wasser ins Haus. In solchen hölzernen Wannen wurde Wäsche gewaschen und manchmal gebadet.

1 Beschreibe: Was war zu tun, wenn alle Familienmitglieder baden wollten? Überlege: Wie konnte die Familie Arbeit und Wasser sparen?

Auf jedem Bauernhof wurde Wasser gebraucht – zum Trinken, Kochen, Waschen, im Garten, für die Tiere. Gab es keine Pumpe, mussten meist Frauen und Mädchen das Wasser von Brunnen holen. Viele trugen die Eimer hunderte Meter zum Haus, oft auch bergauf.

2 Woher bekommt deine Familie Wasser? Erkunde: Wofür verwendet ihr es?

★ Heute verbraucht jeder Einwohner Thüringens etwa 90 Liter Wasser täglich. Wie oft müsste man mit einem 10-Liter-Eimer zum Brunnen gehen?

Achtung vor dem Leben früherer Generationen entwickeln;
Besonderheiten der Umgebung darstellen

AH S.34, 35

S. 2, S. 4

Um 1920 war für viele Familien die Küche der wichtigste, weil der wärmste Raum. Hier hielt sich die Familie auf. Es wurde Essen und Wasser gekocht, oder auch Wäsche.

Die Küche war der einzige Wohnraum dieser Familie (um 1920).

In der Kochmaschine brannte ein Holz- oder Kohlefeuer (um 1920).

Gasherde mit offenem Feuer gab es in Städten seit 1900.

Lange Zeit wärmten sich die Menschen an offenen Feuerstellen, an Kaminen oder Öfen. Sie heizten mit Holz, Kohle, Koks, auch mit Wasser und Luft, die sie mit Feuer erwärmten. Kamine und Öfen waren oft Schmuckstücke. Heute wird mit Öl, Biodiesel, Gas, Kohle, gepressten Holzstücken, Holz, Stroh, Ernteresten, Wasser, Wasserdampf, auch mit Erdwärme und Sonnenenergie geheizt. Es gibt viele verschiedene Heizungen.

Kachelöfen haben Schamottesteine in ihrem Innern. Dadurch können sie die Wärme über den ganzen Tag speichern (um 1915).

Um Kohlen zu entzünden, braucht man leicht brennbare Materialien, wie zum Beispiel Holz und Papier.

Heute leiten Heizkraftwerke Fernwärme in Zentralheizungen. Fußbodenheizungen heizen mit warmem Wasser oder Strom.

Festtage des Jahres

Überall auf der Welt feiern die Menschen jedes Jahr wiederkehrende Feste.
Sie kommen zusammen, um miteinander zu reden, zu musizieren, zu essen und zu trinken.
Sie wollen sich gemeinsam freuen, tanzen und ausgelassen sein.

1 Sprecht in der Gruppe darüber, wie ihr Feste feiert.

2 Gestalte ein Kärtchen zu einem Fest, das du kennst. Hier findest du Musterkärtchen.

Ostern in Deutschland

Zeit: erster Sonntag nach dem ersten Frühjahrsvollmond

Seit über 2000 Jahren gedenken Christen am Ostersonntag der Auferstehung Jesu Christi von den Toten. Sie feiern Ostern in der Kirchengemeinde und in der Familie. Die Fastenzeit ist beendet. Mit dem Osterfest sind viele Bräuche verbunden: ...

Raksha Bandhan in Nordindien

Zeit: August

Raksha Bandhan ist das Fest der Liebe zwischen Schwester und Bruder.
Raksha bedeutet Schutz und Bandhan Bindung.
In einer feierlichen Zeremonie schenkt die Schwester dem Bruder ein selbst geflochtenes Armband.

Der Bruder bedankt sich mit einer Gabe, manchmal schenkt er der Schwester einige indische Rupien, bei uns wären das ein paar Cent. Bruder und Schwester wünschen einander, gesund zu bleiben und füreinander da zu sein, auch wenn sie größer werden.

Wir flechten einen Rakhi für unsere Geschwister oder wir schenken das Band einer Freundin oder einem Freund.

Zeit erfassen, Festtage als zyklische Einteilung des Jahres; Traditionen und Kultur erfahren (Hintergründe von Festen), Toleranz gegenüber anderen Kulturen entwickeln

AH S.36

S.4, S.5

Halloween in den USA

Zeit: letzte Nacht im Oktober

Dieses Fest ist sehr alt. Früher fürchteten die Menschen, dass böse Geister in dieser Nacht Unheil anrichten. Um sie fernzuhalten, stellten sie brennende Kerzen in ausgehöhlte Kürbisse.

Heute verkleiden sich die Kinder als Geister. Sie erschrecken die Nachbarn mit dem Ruf „Trick or treat" – „Spende oder Streiche". Sie bekommen dann Süßigkeiten.

Wir schmücken uns als Geister und feiern Halloween.

Neujahrsfest in China

Zeit: Es beginnt am ersten Tag des chinesischen Kalenders, meist im Februar, und dauert 15 Tage.

Das chinesische Neujahr ist eines der buntesten Feste der Welt. Zunächst reinigen die Familien ihre Häuser, um das Unglück des letzten Jahres zu vertreiben. Sie schmücken die Räume mit Pfirsichblüten, das soll Glück bringen.
Feuerwerkskörper an der Tür vertreiben böse Geister.
Die Familien besuchen Verwandte und Freunde.
Als Glücksbringer schenken sie einander leuchtend orangefarbene Mandarinen mit Blättern.
Die Kinder bekommen rote Päckchen mit Glücksgeld.

Wir informieren uns in Büchern und im Internet, wie man bei uns und in anderen Ländern das neue Jahr begrüßt.

Von alten Bräuchen: Winteraustreiben

Ein alter Brauch in Thüringen ist der Sommergewinn.
Wie war es vor 800 Jahren?
Damals unterschieden die Menschen nur zwei Jahreszeiten: Winter und Sommer. Die Winter waren hart. Sehnsüchtig erwarteten die Menschen das Ende der kalten Tage und dunklen Nächte. Wenn die Sonne täglich höher stieg und jeden Tag etwas länger schien, wussten sie: der Sommer war nahe.
Dann versammelten sich die Bewohner der Stadt weit vor einem Stadttor. Sie trugen ein hässliches Bild des Winters mit sich. Es erinnerte an die Entbehrungen im Winter, an Krankheit und Not. Singend zogen die Menschen über die nahen Felder und baten für das Jahr um reiche Ernte. Kehrten sie heim, fehlte das Bild des Winters. Man hatte es verbrannt. Mit dem frischen Grün der Bäume holten die Menschen den Sommer in die Stadt und schmückten ihre Häuser: Der Sommer war gewonnen.

1 Finde in Medien weitere Informationen zu Bräuchen in Thüringen.

Sommergewinn: Wie ist es heute?
Heute ist der Sommergewinn das größte Frühlingsfest in Thüringen, ja in ganz Deutschland. Aus aller Welt kommen Gäste, um den Festumzug zu sehen.
Viele Menschen tragen schöne alte Trachten, Kinder sind als Frühlingsboten verkleidet. Musik erklingt. Kleine und große Wagen ziehen vorbei, und jeder Wagen erzählt eine Geschichte. Die Häuser sind geschmückt mit den Zeichen des Sommergewinns:
Der Hahn steht für Fruchtbarkeit,
das Ei für werdendes Leben,
die Brezel – ohne Anfang und Ende – ist das Zeichen für das immer Wiederkehrende.
Auf dem Markt führen die liebliche Frau Sunna und der alte Winter ein Streitgespräch. Die kalte Stimme des Winters wird aber schwächer. Schließlich sinkt er zusammen und verstummt.
Feuer lodert auf, und in den Flammen verbrennt eine Strohpuppe zu Asche.
Endlich hat der Sommer gewonnen.

Hintergründe von Traditionen (Festen, Bräuchen) erörtern; Informationen aus medialen Quellen auswählen; sein Land in seiner Schönheit annehmen

S. 4

Von alten Bräuchen: Der Maibaum

Wie war es vor 100 Jahren?
Am Vorabend zum ersten Mai wurde im Dorf ein Maibaum aufgestellt: eine hohe Fichte.
Vorher wurde ihre Rinde abgeschält, denn unter der Rinde konnte sich der Teufel in Gestalt eines Käfers verstecken – so glaubte man. Nur die Baumkrone ganz oben blieb stehen. Darunter wurde ein bunter Kranz angebracht und mit Bändern, aber auch mit Würsten, Nüssen, Eiern und Schinken behängt.
Über Nacht musste der Maibaum bewacht werden, denn sonst hätten ihn Jungen aus den Nachbardörfern umgeworfen und geplündert.

Am ersten Mai durften die Jungen nach oben klettern und nehmen, was sie fassen konnten. Aber vorher wurde der abgeschälte Stamm mit Schmierseife eingerieben. Dadurch wurde er noch glatter und das Hinaufklettern viel schwieriger. Die meisten Jungen aber rieben ihre Hände und Füße mit Asche ein.
So konnten sie gut nach oben gelangen.
Am schönsten wurde es am Abend.
Dann brachten die Mädchen dem Maibaum eine Kerze.
Im Lichterglanz begann der Tanz um den Maibaum.

Was ist ein Bändertanz?
Vom Kranz des Maibaumes hängen bunte Bänder herab. Beim Tanz um den Maibaum werden sie um den Stamm gewickelt. Mit solchen Tanzspielen sollte der Frühling begrüßt werden.

1 Lest den Text. Beratet, warum dieser Brauch gepflegt wurde. Forscht im Internet nach: Wo und wie wird der Brauch heute gepflegt.

2 Erzähle von einem Brauch in deiner Familie.

★ Gestalte eine Seite zu einem Brauch in Thüringen.

Historische Quellen erforschen

Ein altes Foto

Haartrachtenservice aus Limbach (um 1778)

Wartburg (1969)

Seit langer Zeit stellen die Menschen vieles her, was sie zum Leben brauchen oder woran sie sich erfreuen: Sachen für den Haushalt, Werkzeug, Maschinen, Häuser, Brücken, Fahrzeuge, Bücher, Gemälde, Schmuck.
Geschichtsforscher erhalten durch diese Sachen viele Informationen über das Leben früher. Man nennt sie daher historische Quellen oder Quellen für unser Wissen über die Vergangenheit. Auch alte Bräuche gehören dazu. Vieles ist schon erforscht und aufgeschrieben, aber immer wieder ist etwas zu entdecken.

Omas Poesiealbum

Historische Quellen gibt es auch bei dir zu Hause: eine alte Postkarte, eine Uhr vom Urgroßvater oder ein altes Foto deiner Familie.
Willst du solche Quellen enträtseln, musst du wie ein Forscher viele Fragen stellen, zum Beispiel:

- Wer war der Fotograf?
- Was und wer ist auf dem Foto zu sehen?
- Wo und wann ist das Foto entstanden?
- Warum wurde das Foto gemacht?
- Erklärt ein Text das Foto? Wer hat ihn verfasst?
- Wo wurde/wird das Foto aufbewahrt?

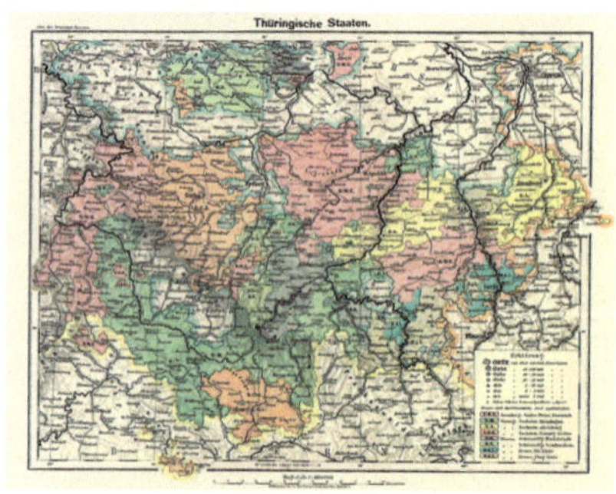

Eine alte Karte von Thüringen aus der Bibliothek

1 Betrachte die Bilder. Beschreibe, was du aus den historischen Quellen erfährst.

2 Sucht eine historische Quelle. Stellt Fragen dazu und forscht nach Antworten.

★ Was bedeutet das Wort „Zeitzeuge“? Lest im Lexikon oder im Internet nach.

Informationen aus Medien (Bücher, Karten, Internet) auswählen, nutzen, erschließen, durch Interviews von Zeitzeugen gewinnen und verwenden

S. 16

Im Frühling

Warum freuen sich viele Menschen auf den Frühling?
Was blüht und fliegt am Straßenrand?
Wie kann ich Beobachtungen in der Natur dokumentieren?

Frühlingsspaziergang

Gut vorbereiten – Was wir mitnehmen

Entdecker-Rucksack packen

- Beratet in der Gruppe, welches Material ihr mitnehmen wollt.
- Notiert alles. Stellt das Material zusammen und packt den Rucksack.
- Legt fest, wer den Rucksack abwechselnd tragen soll.
- Geht sorgfältig mit den Geräten um. Säubert sie nach dem Benutzen.

Wir können noch:
- notieren, was wir für die Exkursion zusätzlich brauchen: Material für die Erste Hilfe …

Am Parkweg entdecken – Löwenzahn

Fotografieren, nachforschen und die Ergebnisse dokumentieren:

Der Löwenzahn gehört zu den Korbblütlern.

Der Wind verbreitet die Früchte mit den Samen.

Aus einem Samen wächst eine neue Pflanze.

Auf jedem Blütenstängel sitzt eine Knospe.

Aus jeder Knospe entwickelt sich ein Blütenkorb mit vielen gelben Zungenblüten.

Jule, Andi und Sebastian

Jahreszeitliche Veränderungen der Temperaturen und Einfluss des Wetters auf das Leben von Tieren, Pflanzen, Menschen erklären, …

AH S.37
S. 2, S. 8, S. 9

Am Himmel beobachten – Tagbogen der Sonne
Beobachten, zeichnen, forschen und dokumentieren

Zum Frühlingsanfang am 20. März sind Tag und Nacht gleich lang. Danach werden die Tage länger. Der Tagbogen der Sonne zeigt im Frühling eine längere Sonnenscheindauer. Die Sonne erwärmt das Festland und die Gewässer auf der Erde und erweckt die Natur zu neuem Leben. Pflanzen beginnen zu wachsen. Viele Tiere bekommen ein Sommerfell. Ihre Jungen werden geboren. Die Menschen tragen nicht mehr ihre warmen Wintersachen und beginnen mit der Gartenarbeit.

Wir können noch:
• die Tagbögen der Sonne vergleichen

Tagbogen der Sonne im Winter

Tagbogen der Sonne im Frühling

Pauline und Oskar

Unsere Fotopirsch im Park

Hain-Bänder-schnecke

Kreuzspinne

Zitronenfalter

Narzisse

Sophie, Lara, Jan, Florian

Meine Steinsammlung

Marie

Mein Herbarblatt

Entdeckungen

Ben

Am Tümpel – Libellen beobachten, Beobachtung notieren, fotografieren, Art bestimmen

Großer Blaupfeil 22. Mai 2011

Lina und Alexander

Am Tümpel waren schon Libellen zu sehen. Eine auffällig schillernde Libelle flog wie ein Hubschrauber über das Wasser, verharrte in der Luft, schoss kurz darauf in schnellem Flug über den Tümpel und setzte sich auf den Sand. Die hauchdünnen Flügel weit ausgebreitet, genoss das Insektenmännchen die wärmende Sonne.

Wir können noch:

- den Körper der Libelle beschreiben,
- uns informieren, warum Libellen in der Natur nur in warmen Jahreszeiten zu beobachten sind,
- nachforschen, warum alle Libellen unter Naturschutz stehen,
- weiter zum Großen Blaupfeil forschen.

In der Naturstation einen Experten interviewen, Ergebnisse anschaulich darstellen

Wie sich der Große Blaupfeil entwickelt

Caro, Sascha und Tim

Jahreszeitliche Veränderungen der Temperatur und Einfluss des Wetters auf das Leben von Tieren erklären

AH S. 38

S. 2, S. 8, S. 9

Erkundungsgang – Bestimmungsbücher mitnehmen, nachlesen und Pflanzen bestimmen

Ihr seht eine blühende Pflanze und vermutet, es ist ein Gänseblümchen.

- Sucht den Namen im Wörterverzeichnis. Seht auf der Seite nach. Vergleicht.

Ihr seht eine unbekannte Pflanze.

- Wählt ein Bestimmungsbuch, das Pflanzen nach Blütenfarben ordnet.
- Schlagt den Abschnitt „Weiß“ auf.
- Vergleicht die abgebildete Pflanze genau mit der, die ihr gerade seht.
- Ist es die Pflanze, merkt euch ihren Namen und lest die Beschreibung.

Leonie und Felix

In diesem Bestimmungsbuch sind Pflanzen nach ihren Blütenfarben geordnet.

Pflanzen herbarisieren

So gehe ich vor:

Sammeln

Auflegen und pressen

Aufkleben

Beschriften

Mein Ergebnis:

Sammle keine geschützten Pflanzen!

Ein Beobachtungsheft anfertigen

Um Interessantes in Texten und Bildern festzuhalten, kannst du ein kleines Beobachtungsheft führen.

Du brauchst dafür ein DIN-A3-Blatt und eine Schere.
So kannst du es herstellen:

Das Blatt mittig längs falten, den Falz mit dem Fingernagel nachziehen

Das Blatt an der kurzen Mittellinie falten, den Falz wieder nachziehen

Das Blatt in der Mitte noch einmal falten, den Falz verstärken

Das Blatt auseinanderfalten

Das Blatt an der kurzen Mittellinie zusammenlegen

Das Blatt mittig bis zum nächsten Falz einschneiden

Das Blatt wieder längs falten, von beiden Seiten nach innen schieben

Die Blätter nochmals falzen
Das Heftchen ist fertig.

1 Dokumentiere deine Beobachtungen über einen längeren Zeitraum. Schreibe Texte, male Bilder, klebe Fotos ein …

Langzeitbeobachtungen in allen vier Jahreszeiten durchführen, dokumentieren, auswerten; Verhaltensregeln beim Beobachten einhalten

S. 5, S. 14, S. 15

Der Natur auf der Spur

Wohin verschwindet das Wasser aus der Pfütze?
Wie kommt Wasser in der Natur vor?
Warum schwimmt der Eisberg?

Wasser überall

Wasser in der Natur kann fest, flüssig oder gasförmig sein.
Das nennt man Zustandsformen des Wassers.

1 Betrachte das Bild. Beschreibe die einzelnen Wasserbilder oder stelle dazu Fragen. Verwende auch diese Wörter.

Welle tragen fließen strömen rinnen Tropfen reinigen
abschleifen beschlagen Eis spritzen auflösen flüssig trinken
Regen fest Tomate Brunnen Flut rauschen Haut

Wasser verwandelt sich

Auch im Haushalt könnt ihr beobachten, wie sich Wasser verwandelt.

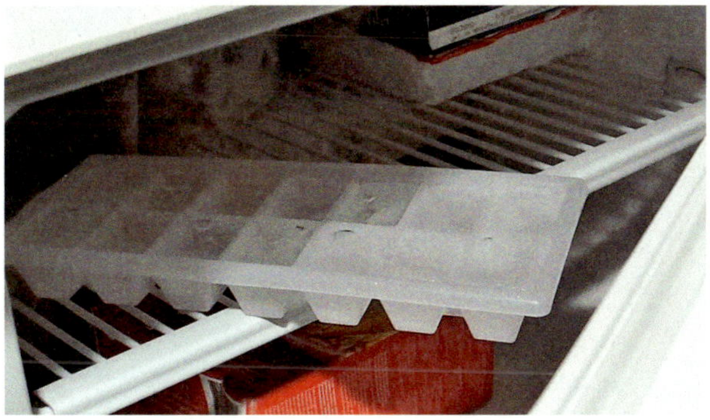

Im Gefrierfach des Kühlschranks beträgt die Temperatur bis zu –18 °C. Wasser erstarrt unter 0 °C zu Eiskristallen, es wird fest. Eiswürfel können entstehen.

Werden die Eiswürfel aus dem Eisfach geholt, beginnen sie wieder zu schmelzen. Über 0 °C schmilzt Eis und wird zu Wasser. Wasser ist flüssig.

Wird Wasser erhitzt, steigen Blasen darin hoch. Bei 100 °C siedet Wasser und verdampft. Es wird gasförmig und schwebt als unsichtbarer Wasserdampf in der Luft.

Überdeckt man kochendes Wasser mit einem Deckel, bilden sich daran Tropfen. Gasförmiger Wasserdampf kühlt am Deckel ab und wird wieder zu flüssigem Wasser. Der Vorgang heißt: Kondensieren.

1 Formuliere mit Hilfe der Übersicht, was deine Beobachtungen zeigen.

Der Kreislauf des Wassers

Niederschlag

- eine Pflanze längere Zeit unter Glas lassen
- beobachten

Eine Quelle fließt

- eckige Plastikflasche oben abschneiden, seitlich Löcher einschneiden
- füllen (siehe Bild)
- in eine Schale stellen
- Wasser hineingießen
- beobachten

Am Schaubild arbeiten

- Betrachte das Bild.
- Beginne an einer Stelle zu lesen.
- Folge den Pfeilen und lies weiter.
- Beschreibe den Kreislauf. Nutze dabei die Erklärungen.

Den Kreislauf des Wassers erklären; zu Zustandsformen des Wassers in der Natur Experimente durchführen, Vermutungen prüfen, Ergebnisse diskutieren; …

AH S.40, 41
S. 2

Der Wind treibt die Wolken über den Himmel.

Unzählige winzige Wassertröpfchen oder Eisteilchen bilden Wolken.

In der Höhe kühlt diese Luft wieder ab. Dabei kondensiert Wasserdampf. Es bilden sich winzige Wassertropfen. Bei großer Kälte entstehen Eisteilchen.

des Wassers auf, unter und über der Erde.

diesen Wasserkreislauf an.

Diese Luft erwärmt sich und steigt auf.

Der unsichtbare Wasserdampf befindet sich in der Luft.

Auf der Erde wechselt Wasser ständig vom flüssigen in den gasförmigen Zustand. Es verdunstet:

aus Meeren, Seen und Flüssen,

aus Lebewesen,

aus dem Boden …

Wasser verdunstet

- je eine halbe Tasse Wasser in 2 Teller gießen
- nach 2 Tagen nachsehen

Erklär mal was

- eine Flasche halb voll mit Wasser füllen, 2 Stunden im Kühlschrank kühlen
- die Flasche auf den Tisch stellen, nach 15 Minuten anheben

Ist die Flasche undicht? Schreibe deine Erklärung auf.

Experimente mit Wasser

Wasserstände markieren und vergleichen

Wie verändert sich der Wasserstand?

Ihr braucht:

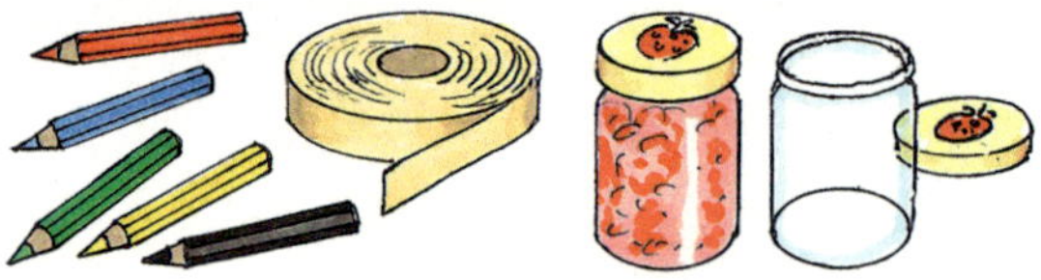

Geht so vor:

- Füllt das Glasbecken mit Wasser.
  Klebt zum Markieren Kreppband an eine Außenseite.
- Legt jeden Gegenstand einzeln ins Wasser.
  Markiert mit einem Stift sofort den Wasserstand:
  - das volle Marmeladenglas (——)
  - das leere Marmeladenglas mit Deckel (——)
  - das offene leere Marmeladenglas (——)
  - die leere Plastikflasche (——)
  - die mit Wasser gefüllt Flasche (——)
- Vergleicht und kennzeichnet alle Wasserstände. Begründet:
  —— Das volle Marmeladenglas: Wasserstand ____, weil …
  —— Das leere Marmeladenglas mit Deckel: …

am höchsten
hoch
mittel
niedrig
am niedrigsten

Markiere vor dem Baden zu Hause den Wasserspiegel in der Badewanne. Steige dann ein und markiere wieder.

Schwimmen oder sinken?

Schwimmt oder sinkt eine leere geschlossene Wasserflasche?

Ihr braucht:

- ein großes Glasbecken (Aquarium), Wasser
- eine leere Plastikflasche mit Deckel

Geht so vor:

- Legt die leere Flasche auf das Wasser.
- Drückt sie dann unter Wasser, lasst sie los.
- Notiert das Ergebnis. Versucht es zu erklären.

Eigenschaften des Wassers durch Experimente zu Auftrieb und Dichte erklären; Wasserverdrängung; Erkenntnisse aus Versuchen auf Alltagssituationen übertragen

AH S.42

Gerade habt ihr eine wissenschaftliche Entdeckung gemacht: Die leere Plastikflasche lässt sich kaum unter Wasser drücken. Sie steigt immer wieder auf und schwimmt. Aber warum?
Der griechische Mathematiker, Physiker und Ingenieur Archimedes fand schon vor über 2000 Jahren heraus:

Jeder Gegenstand, der in Wasser eintaucht, verdrängt mit der Kraft seines Gewichtes Wasser. Zugleich aber drückt das verdrängte Wasser mit der Kraft seines Gewichtes den Gegenstand wieder nach oben.
Man sagt, der Gegenstand erhält Auftrieb.

Archimedes (Skulptur von Gerhard Thieme, 1972)
Geboren im Jahr 285 vor unserer Zeitrechnung
Gestorben im Jahr 212 vor unserer Zeitrechnung
Archimedes lebte und forschte in seiner Heimatstadt Syrakus. Das Auftriebsprinzip heißt nach seinem Entdecker auch archimedisches Prinzip.

1 Lies die Sätze. Versuche Satz **B** und **C** zu ergänzen:

A Die leere Flasche schwimmt: Die Kraft des Auftriebs ist so groß wie die Kraft, mit der das Gewicht der Flasche auf das Wasser drückt.

B Die volle Flasche …: Die Kraft des Auftriebs ist … als die Kraft, mit der das Gewicht der Flasche auf das Wasser drückt.

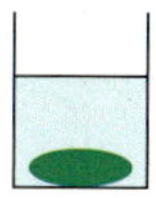

C Eine halbvolle Flasche schwebt: Die Kraft des Auftriebs ist … … wie die Kraft, mit der das Gewicht des Gegenstandes auf das Wasser drückt.

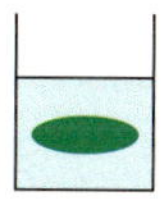

Die Kraft des Auftriebs hängt auch vom Material und der Form des Gegenstandes ab.

2 Diese Kugeln sind gleich groß.
Sie bestehen aber aus unterschiedlichem Material.
Kugel B schwebt. Sie ist aus Ebenholz.
Wie verhalten sich Kugel A und C im Wasser?
Versucht es zu begründen.

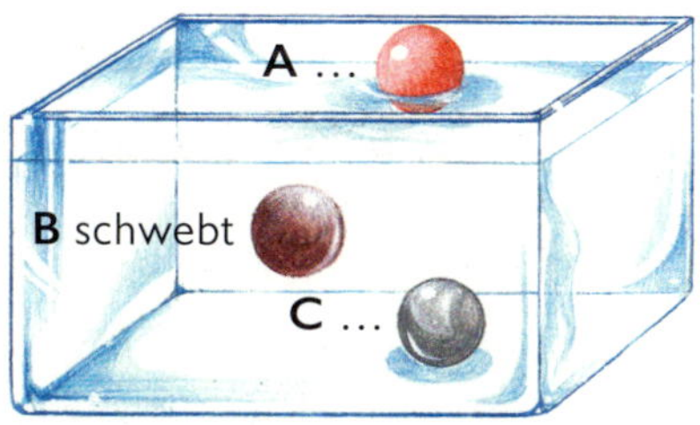

3 Probiert aus, wie die Kraft des Auftriebs von der Form abhängt.
Formt aus Knetmasse Figuren.
Setzt sie ins Wasser.
Was findet ihr heraus?
Notiert eure Ergebnisse.

Wasser messen und untersuchen

Ohne Wasser können wir Menschen nicht leben: Wir trinken es und waschen uns damit. Wir verbrauchen Wasser im Haushalt, in Schulen und Betrieben. Wir bewässern die Felder, wenn zu wenig Regen fällt, und fahren mit Booten auf dem Wasser … Für viele Zwecke messen oder untersuchen wir Wasser.

Wie viel Flüssigkeit solltest du täglich mindestens trinken? Ermittle diese Menge Wasser mit einem Messbecher.

Du nimmst ein Bad in der Badewanne oder duschst. Wie viel Wasser verbrauchst du? Informiere dich, wie du den Verbrauch messen kannst.

Du mischst für dein Bad oder eine Dusche warmes und kaltes Wasser. Wie findest du heraus, ob das Wasser die richtige Temperatur hat?

Wie viel Wasser wird verdrängt? Fülle eine Müslischale randvoll mit Wasser. Lege einen kleinen Gegenstand hinein. Fange das überlaufende Wasser auf und gib es in einen Messbecher. Lies die Menge in Milliliter ab. Notiere sie. Fülle die Müslischale jeweils wieder auf. Wiederhole den Versuch mit anderen Gegenständen.

Baue diesen Regenmesser nach. Miss an einem Regentag die Regenmenge.

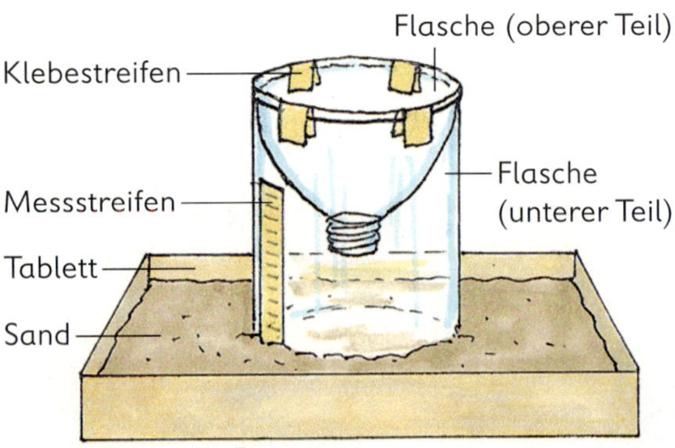

Baue eine Fadenpumpe. Lies nach drei Tagen ab, wie viel Wasser fehlt.

Wo ist das Wasser geblieben?

Eigenschaften des Wassers erkunden; Messverfahren vergleichen, einfache Messgeräte bauen

AH S.44

Wusstest du schon …? Medien nutzen

Wodurch beeinflussen uns Medien?
Wie finde ich Informationen im Internet ?
Wie nutze ich unterschiedliche Medien sinnvoll?

Medien nutzen und vergleichen

Die meisten Kinder finden Medien toll: Sie hören, lesen, sprechen selbst, sehen etwas an oder spielen. Sie lernen mit Medien, haben Spaß und tauschen sich mit anderen Kindern aus.
Experten raten: Wer Medien nutzt, der sollte bedenken, dass sie uns nutzen, aber auch schaden können.

Medien
Fernseher
Musik-/Hörspiel-Kassette
CD
Computer
Radio
Telefon
Handy
Buch
Videospiel
Spielkonsole
Zeitschrift …

1 Lies die Meinungen der Kinder.

Wähle ein Medium aus und suche die beiden Meinungen dazu.
Begründe sie mit eigenen Argumenten. Lege dazu eine Tabelle an.

Fernsehen ist toll	*Fernsehen kann schädlich sein*
Ich kann viel lachen. *Ich erfahre viel über Tiere. …*	*Ich sehe zu oft und zu viel fern.* *Ich spiele kaum noch draußen. …*

2 Führt in der Klasse ein Streitgespräch.
Versucht andere von euren Argumenten zu überzeugen.

★ Werte alle Argumente zum Fernsehen aus.
Sprich zum Thema: Fernsehen – Nutzen und Gefahren.
Du kannst auch ein anderes Medium wählen.

 Wirkung von Medien kritisch beschreiben, vergleichen, den eigenen Medienkonsum überdenken: Nutzen und Gefahren, zeitlicher Rahmen

AH S.45

S. 4, S. 5

Wir lesen: eine Zeitung, ein Buch, ein Plakat …
Wir hören: gesprochene Worte und Musik im Radio …
Wir hören und sehen: gesprochene Worte, Musik und Bilder im Fernsehen …
Wir sprechen: ins Handy … Wir schreiben: E-Mails, Briefe, Faxe …
Medien vermitteln uns ständig Botschaften. Auch wenn wir es gar nicht wollen, nehmen wir Botschaften, von uns unbemerkt, auf.

Aufdrucke auf T-Shirts

Werbeplakate im Bahnhof

Musik im Supermarkt

3 Welche Medien nimmst du in deiner Schule wahr? Notiere aus dem Gedächtnis:

Medien, die ich in meiner Schule entdeckt habe:

Suche nun bewusst Medien im Schulhaus. Erstelle dazu eine Übersicht.

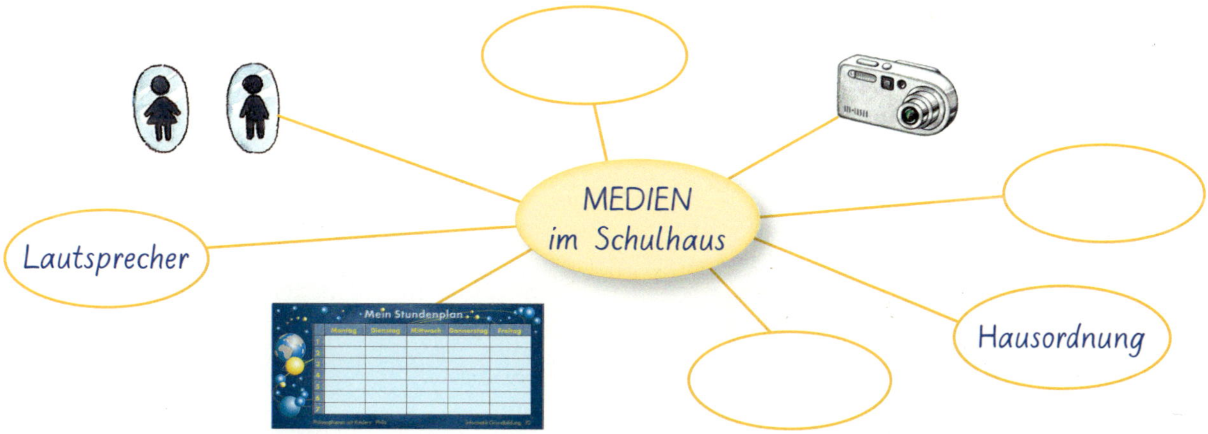

Vergleiche beide Ergebnisse.

★ Diskutiert in der Gruppe über Medien in der Schule. Macht Notizen:
- Welche Medien brauchen wir, um zu lernen und uns zu informieren?
- Welche Medien wünschen wir uns in Zukunft?

Begründet eure Meinung.

Im Internet Informationen suchen

Schritt 1: Was will ich wissen?
- Warum steht der Turm von Pisa schief?

Schritt 2: Welche Suchtechniken helfen mir?
- Du kannst eine konkrete Internetadresse eingeben.
- Oder du nutzt eine Suchmaschine für Kinder: Starte das Internetprogramm des Computers. Gib den Namen einer Suchmaschine für Kinder ein. Drücke die Eingabetaste.

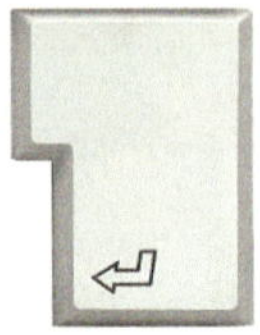

Beispiele für Kinder-Suchmaschinen
www.blinde-kuh.de
www.fragfinn.de
www.helles-koepfchen.de
www.kindernetz.de
www.milkmoon.de

Schritt 3: Welche Suchwörter gebe ich ein?
- Du suchst in deiner Frage die wichtigsten Wörter: Turm Pisa
- Du schreibst diese Suchwörter ein und klickst auf „Im Internet finden“.

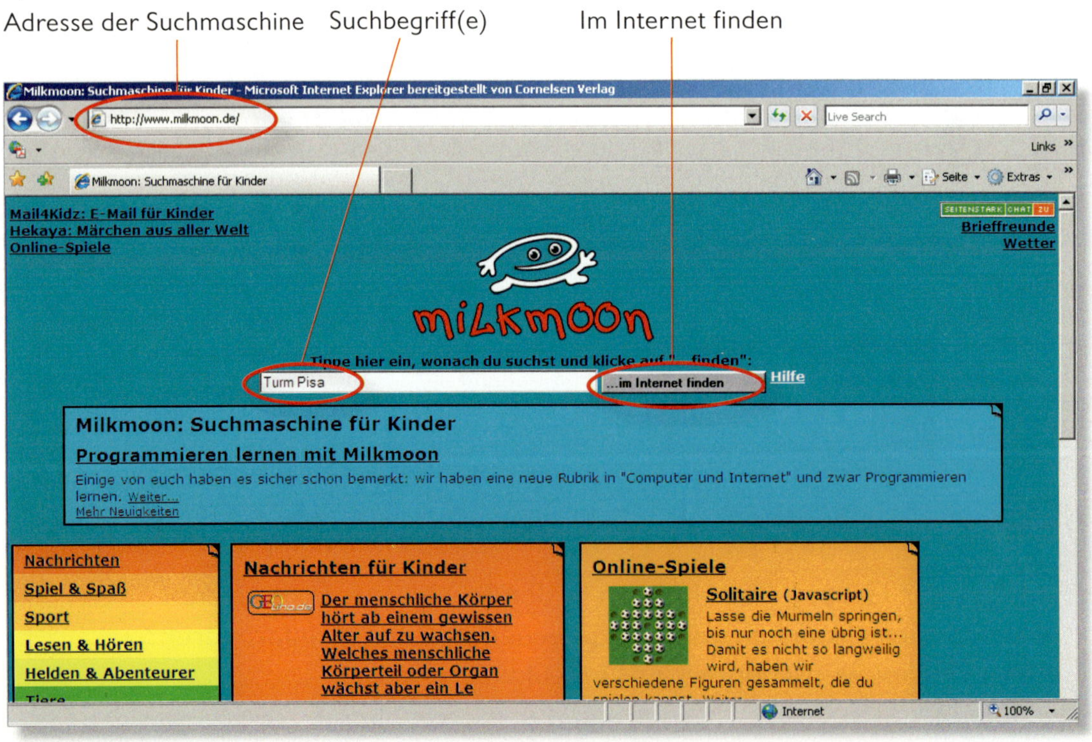

Schritt 4: Wie gehe ich mit den Suchergebnissen um?

Die Suchmaschine zeigt alle Ergebnisse an,
in denen die Wörter „Turm“ und „Pisa“ vorkommen.

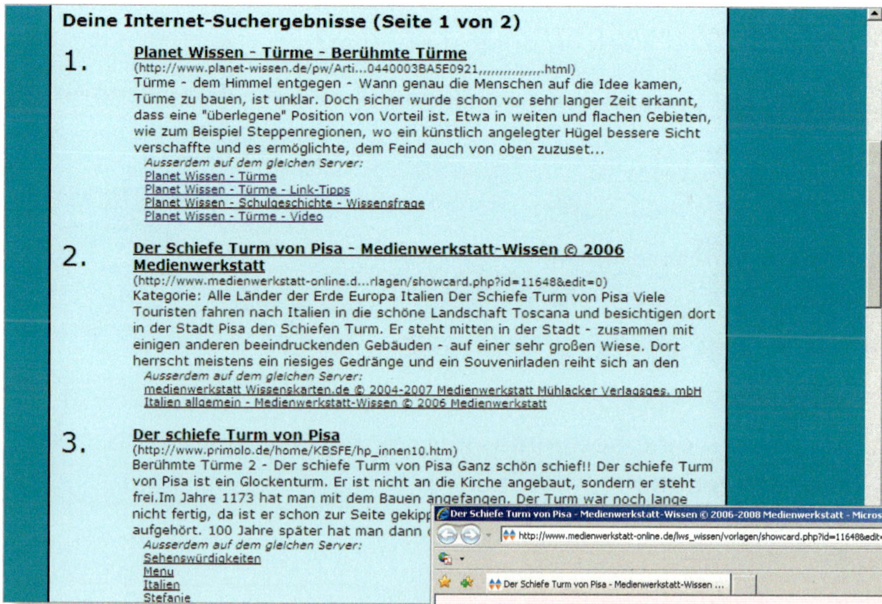

Deine Internet-Suchergebnisse (Seite 1 von 2)

1. **Planet Wissen - Türme - Berühmte Türme**
(http://www.planet-wissen.de/pw/Arti...0440003BA5E0921,,,,,,,,,,,,,,,.html)
Türme - dem Himmel entgegen - Wann genau die Menschen auf die Idee kamen, Türme zu bauen, ist unklar. Doch sicher wurde schon vor sehr langer Zeit erkannt, dass eine "überlegene" Position von Vorteil ist. Etwa in weiten und flachen Gebieten, wie zum Beispiel Steppenregionen, wo ein künstlich angelegter Hügel bessere Sicht verschaffte und es ermöglichte, dem Feind auch von oben zuzuset...
Ausserdem auf dem gleichen Server:
Planet Wissen - Türme
Planet Wissen - Türme - Link-Tipps
Planet Wissen - Schulgeschichte - Wissensfrage
Planet Wissen - Türme - Video

2. **Der Schiefe Turm von Pisa - Medienwerkstatt-Wissen © 2006 Medienwerkstatt**
(http://www.medienwerkstatt-online.d...rlagen/showcard.php?id=11648&edit=0)
Kategorie: Alle Länder der Erde Europa Italien Der Schiefe Turm von Pisa Viele Touristen fahren nach Italien in die schöne Landschaft Toscana und besichtigen dort in der Stadt Pisa den Schiefen Turm. Er steht mitten in der Stadt - zusammen mit einigen anderen beeindruckenden Gebäuden - auf einer sehr großen Wiese. Dort herrscht meistens ein riesiges Gedränge und ein Souvenirladen reiht sich an den
Ausserdem auf dem gleichen Server:
medienwerkstatt Wissenskarten.de © 2004-2007 Medienwerkstatt Mühlacker Verlagsges. mbH
Italien allgemein - Medienwerkstatt-Wissen © 2006 Medienwerkstatt

3. **Der schiefe Turm von Pisa**
(http://www.primolo.de/home/KBSFE/hp_innen10.htm)
Berühmte Türme 2 - Der schiefe Turm von Pisa Ganz schön schief!! Der schiefe Turm von Pisa ist ein Glockenturm. Er ist nicht an die Kirche angebaut, sondern er steht frei.Im Jahre 1173 hat man mit dem Bauen angefangen. Der Turm war noch lange nicht fertig, da ist er schon zur Seite gekipp
aufgehört. 100 Jahre später hat man dann
Ausserdem auf dem gleichen Server:
Sehenswürdigkeiten
Menu
Italien
Stefanie

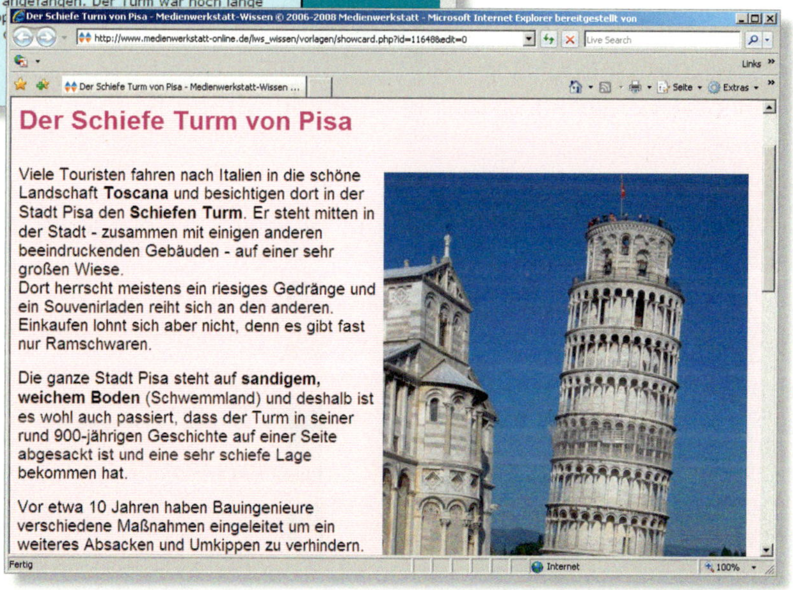

Der Schiefe Turm von Pisa - Medienwerkstatt-Wissen © 2006-2008 Medienwerkstatt - Microsoft Internet Explorer bereitgestellt von
http://www.medienwerkstatt-online.de/lws_wissen/vorlagen/showcard.php?id=11648&edit=0
Live Search
Links
Der Schiefe Turm von Pisa - Medienwerkstatt-Wissen ...
Seite Extras

Der Schiefe Turm von Pisa

Viele Touristen fahren nach Italien in die schöne Landschaft **Toscana** und besichtigen dort in der Stadt Pisa den **Schiefen Turm**. Er steht mitten in der Stadt - zusammen mit einigen anderen beeindruckenden Gebäuden - auf einer sehr großen Wiese.
Dort herrscht meistens ein riesiges Gedränge und ein Souvenirladen reiht sich an den anderen. Einkaufen lohnt sich aber nicht, denn es gibt fast nur Ramschwaren.

Die ganze Stadt Pisa steht auf **sandigem, weichem Boden** (Schwemmland) und deshalb ist es wohl auch passiert, dass der Turm in seiner rund 900-jährigen Geschichte auf einer Seite abgesackt ist und eine sehr schiefe Lage bekommen hat.

Vor etwa 10 Jahren haben Bauingenieure verschiedene Maßnahmen eingeleitet um ein weiteres Absacken und Umkippen zu verhindern.

Fertig
Internet
100%

- Du wählst aus der Liste mit Internetseiten ein Suchergebnis aus und klickst es an.
- Wenn die Seite erscheint, prüfe: Beantwortet die Information meine Frage?
- Reichen die Informationen nicht aus, wählst du ein weiteres Suchergebnis.

Schritt 5: Wie werte ich die Informationen aus?

- Die Informationen müssen deine Frage beantworten. Du kannst dir interessante Informationen ausdrucken.

1 Verfolge diesen Weg im Internet. Suche selbst Informationen zu einem Thema.

Beachte: Jeder kann Informationen ins Internet stellen, ob richtig oder falsch. Prüfe, woher Informationen kommen. Lies auch in Sachbüchern nach oder frage Experten.

AH S.46

S. 4, S. 5

Medien auswählen

Es gibt verschiedene Medien, die durch Schrift, Bild oder Ton Informationen an uns weitergeben und mit deren Hilfe wir uns untereinander verständigen.

1 Benenne die abgebildeten Medien. Welche nutzt du häufig?

Nicht jedes Medium ist geeignet, um eine bestimmte Information zu finden.
In einem Buch findest du keine Informationen darüber, was gerade an diesem Tag passiert.
Im Sachbuch findest du kaum Märchen.
Mit dem Radio kannst du keine Bilder empfangen.

2 Arbeitet in Gruppen:

- Welches Medium eignet sich, um die Frage zu beantworten? Schreibt das Medium auf. Begründet die Auswahl.
- Beantwortet nun die Fragen A – F.

A) Welche Temperaturen sagt der Wetterbericht für heute voraus?

B) Wie koche ich Pudding?

C) Was bedeutet das Wort „Manipulation"?

D) Wo bauen Eichhörnchen ihre Kobel?

E) Wann werden in dieser Woche Tierfilme im Fernsehen gezeigt?

F) Wie lange dauert die Bahnfahrt von meinem Heimatort nach Berlin?

★ Schreibt weitere Fragen auf Karteikarten.
Sucht nach Antworten in verschiedenen Medien.

Mit Tieren leben

Welche Tiere werden als Nutztiere bezeichnet?
Wie werden Nutztiere gehalten und gepflegt?
Wie bereite ich einen Vortrag vor?

Nutztiere miteinander vergleichen

Tier

Körpergliederung

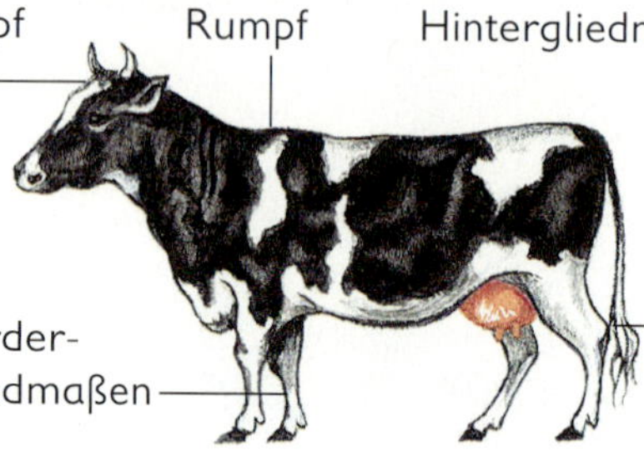

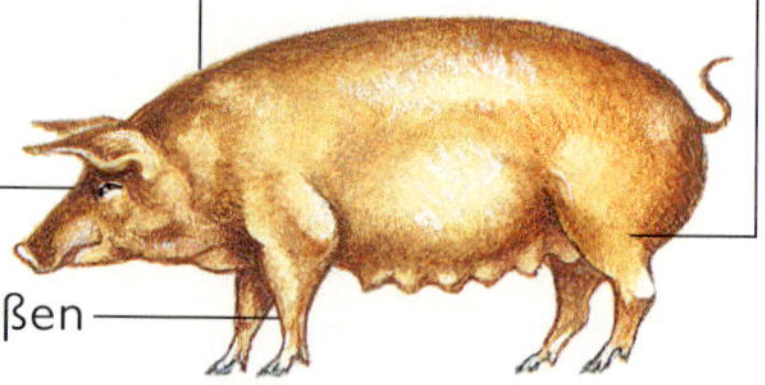

	Hausrind	Hausschwein
Körperbedeckung	Haarkleid	Haarkleid
Ernährung	*Pflanzenfresser:* Grünfutter, wie Gras, Klee, Rüben, Gärfutter	*Allesfresser:* Mischfutter, Rüben, Kartoffeln, Küchenabfälle, auch Regenwürmer, Engerlinge, Eicheln
Fortpflanzung	Jährlich kann ein Kalb geboren werden. Es wird gesäugt. *Tierfamilie:* Kuh, Bulle, Kalb	Zweimal jährlich können 6 – 12 Ferkel geboren werden. Sie werden gesäugt. *Tierfamilie:* Sau, Eber, Ferkel
Haltung	*Sommer:* Herde auf Weiden, teilweise auch in Ställen *Winter:* in sauberen, hellen Ställen	Ställe mit Schweinekoben, teilweise mit Auslauf
Nutzung	Milch, Fleisch, Haut, Fell, Knochen, Horn, Haare, Dung	Fleisch, Haut, Knochen, Haare, Dung
Biologische Gruppe	Säugetier	Säugetier

★ Welche Nutztiere hast du schon einmal beobachtet? Erzähle davon.

Ausgewählte Nutztiere erkennen, benennen, vergleichen: Körperbau, Ernährung, Fortpflanzung, Haltung, Nutzen für den Menschen; …

AH S.47

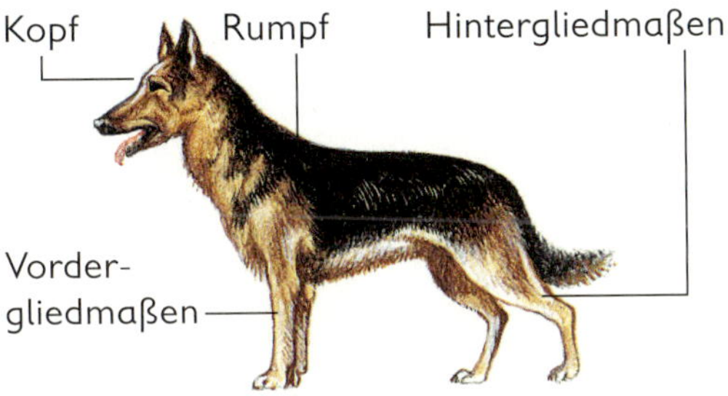

Haarkleid	Federn
Fleischfresser: Fleisch, gelegentlich Gras	*Allesfresser:* Mischfutter; im Auslauf auch Würmer, Raupen, Käfer, Kleingetier, Samen, Körner
Zweimal jährlich können 3–10 Welpen geboren werden. Sie werden gesäugt. *Tierfamilie:* Hündin, Rüde, Welpe	Die Henne legt Eier. Als Glucke brütet sie 21 Tage lang ein Gelege von 12–15 Eiern aus. *Tierfamilie:* Henne, Hahn, Küken
Hundehütte mit Auslauf, kleine Hunde in der Wohnung	Hühnerstall mit Auslauf, Freiland- oder Bodenhaltung
Beschützer, Bewacher, Freund, Helfer	Eier, Fleisch, Federn
Säugetier	Vogel

echte Glucke

elektrische Glucke

falsche Glucke

1 Informiere dich über weitere Nutztiere. Lege eine Tabelle an.

Nutztiere halten – aber wie?

In der Massentierhaltung werden viele Schweine auf kleinem Raum gehalten. So kann man zahlreiche Menschen in kurzer Zeit mit Fleisch versorgen.

Die Tiere bekommen Hochleistungsfutter, damit sie in 4 bis 5 Monaten 110 kg wiegen. Die Fütterung erfolgt mit moderner Technik.

Bis zu 7 Schweine leben in einer Box, ohne Auslauf und ausreichende Liegeplätze.

Damit die Tiere nicht erkranken, erhalten sie Medikamente.

Sauen mit Ferkeln hält man in Kastenständen. Darin können die Sauen liegen oder stehen, nicht aber umherlaufen.

Vorteile der Massentierhaltung

- Die Schweine werden in großen Stallanlagen gehalten und teilweise vollautomatisch gefüttert. Sie bekommen industriell hergestelltes Futter.
- Zur Versorgung der Tiere braucht man nur wenige Arbeitskräfte.
  So wird sehr viel Fleisch produziert, und die Fleischpreise bleiben niedrig.

Nachteile der Massentierhaltung

- Viele Verbraucher kritisieren, dass die Tiere nicht tiergerecht gehalten werden.
- Die Tiere erhalten gegen Krankheiten Medikamente. Einige davon, Antibiotika, bleiben im Fleisch. Wer das Fleisch isst, nimmt sie in seinen Körper auf. Werden wir aber selbst krank und benötigen Antibiotika, wirken diese oft nicht mehr.

Arten der Tierhaltung und ihre Auswirkung auf die Tiere beschreiben;
Maßnahmen verantwortungsvoller Haltung und Pflege der Nutztiere reflektieren

S. 2

Biobauern halten Schweine

Biobauern müssen die Tiere tiergerecht und umweltverträglich halten.
Das nennt man: ökologische Tierhaltung.

Schweine sind neugierig und wühlen gern. Im Freiland haben sie bei Wind und Wetter genügend Auslauf. Das stärkt sie gegen Krankheiten.

Bioschweine fressen Stroh, Heu, frisches Gras. Zusätzlich bekommen sie Kraftfutter: Getreideschrot und eiweißreiche Erbsen, Bohnen und Lupinen.

Bei schlechtem Wetter ist in Ställen viel Platz, es gibt Auslaufplätze und trockene Liegeplätze.

Die Tiere erhalten keine Mittel, damit sie schnell wachsen. Kranke Tiere behandelt der Tierarzt mit pflanzlichen Heilmitteln. Nur in Notfällen gibt er Medikamente.

Ferkel bekommen etwa 40 Tage Milch von der Muttersau. Es entsteht eine Mutter-Kind-Beziehung.

Vorteile der ökologischen Tierhaltung

- Die Tiere werden tiergerecht und umweltfreundlich gehalten.
- Die Erzeugnisse sind unverwechselbar: Käufer erkennen Bioware an ihrem Gütesiegel, an genauen Herkunftsangaben und am Markenzeichen.
- Die Erzeugnisse haben eine sehr gute Qualität.

Nachteile der ökologischen Tierhaltung

- Weil nur eine geringe Anzahl von Tieren gehalten wird, entstehen hohe Kosten für Futter, Stallbau und Haltung.
- Die Erzeuger müssen sich streng an Qualitätsauflagen halten. Das kostet mehr Zeit, Arbeitskraft und Geld.
- Verbraucher zahlen für die Erzeugnisse höhere Preise.

Nutztiere bei uns …

Nutztiere sind Tiere, die wir Menschen wirtschaftlich nutzen: Fleisch, Milch, Eier, Fell, Haut, Federn. Nutztiere arbeiten auch als Lastenträger oder Zugtiere.

1 Lies die Übersicht. Vergleiche Tierhaltung und -pflege früher und heute.

Landwirtschaftliche Nutztierhaltung in Thüringen

Tierbestände

Haltung und Pflege vor 100 Jahren

- viele Tierarten auf Gütern oder kleinen Bauernhöfen
- kleine Ställe: Kuhstall, Hühnerstall, Schweinestall
- schwere körperliche Arbeit
- junge Bauern erlernten die Tierhaltung und -pflege meist von den Eltern:
  - Haltung: im Sommer im Freiland, im Winter im Stall
  - Futter für die Tiere anbauen und ernten
  - im Notfall eine tierärztliche Versorgung sichern
  - die Tiere vor Misshandlung schützen
- Auswirkungen auf die Tiere, wirtschaftlicher Nutzen:
  - Milchkühe gaben wenig Milch, Hühner legten wenige Eier, Schweine setzten wenig Fleisch an.
  - 1910 ernährte ein Bauer mit seinen Erzeugnissen etwa 4 Menschen, 1950 etwa 10 Menschen.

Haltung und Pflege heute

Moderner Rinderstall

- größere Betriebe, auf einzelne Tierarten spezialisiert
- meist große Ställe mit moderner Technik
- Landwirte erlernen Tierhaltung und -pflege als Beruf:
  - sachkundig mit den Tieren umgehen
  - tiergerecht füttern (Futter aus Spezialbetrieben)
  - für eine saubere, gut belüftete Umgebung und regelmäßige tierärztliche Betreuung sorgen
  - Tierschutzvorschriften einhalten
- Auswirkungen auf die Tiere, wirtschaftlicher Nutzen:
  - Milchkühe geben viel Milch, Hühner legen viele Eier, Schweine setzen rasch Fleisch an.
  - Massentierhaltung schränkt das Wohlbefinden der Tiere ein. Tierseuchen breiten sich rascher aus, Krankheiten können sich auf Menschen übertragen. Mehr Tierschutz und Umweltschutz ist notwendig.
  - Heute kann ein Bauer etwa 150 Menschen ernähren.

Maßnahmen einer verantwortungsvollen Haltung und Pflege von Nutztieren beschreiben; über verschiedene Arten der Tierhaltung reflektieren

AH S.48

... und anderswo

Viele Mongolen leben in Jurten.

Früher: In dem asiatischen Land Mongolei wird seit langer Zeit Viehwirtschaft betrieben. Meist hielten die Familien fünf Nutztiere: Schafe und Ziegen, um Fleisch, Milch und Wolle zu nutzen. Vom Yak, einer Rinderart, nutzten sie Fleisch, Milch und die Haut. Diese wurde zu Leder verarbeitet. Yaks werden gemolken.

Pferde gaben Milch und dienten wie Kamele und Yaks als Lasttiere und Reittiere. Viele Mongolen lebten als Nomaden. Sie zogen mit ihren Tieren von Weideplatz zu Weideplatz und wohnten in Jurten. Diese beweglichen Zelte waren schnell aufgebaut und gemütlich eingerichtet. Die Tiere weideten das Jahr über im Freien. Kranke Tiere wurden behandelt, unheilbar kranke Tiere getötet.

Heute: Noch immer ziehen Viehhalter mit ihren Herden zu günstigen Weideplätzen. Doch seit über 10 Jahren ist Kaschmirwolle ein wichtiges Handelsgut. Kaschmirziegen weiden in eisigen Regionen bis zu minus 35 °C und bilden dort zum Schutz vor Kälte eine wertvolle Unterwolle. Die Wolle wird aus dem Fell gekämmt. Weil jedes Tier nur etwa 150 g Wolle liefert, werden im Land fast 9 Millionen Tiere gehalten.
Die vielen Ziegen zerstören Weideland, denn sie reißen beim Fressen das Gras mit den Wurzeln aus dem Boden. Heute will man das Weideland retten: Man sperrt es ab, siedelt Menschen und Tiere aus gefährdeten Gebieten um und legt gegen Sandstürme Schutzpflanzungen an.

2 Vergleicht: Wie hat sich die Tierhaltung in der Mongolei gewandelt? Wie können sich diese Veränderungen für Tiere und Menschen auswirken?

Einen Vortrag halten – Medien nutzen

Eine Mindmap (sprich: meindmäp) hilft dir, einen Vortrag vorzubereiten. Sammle darin deine Gedanken und Ideen.
So kannst du sie aufbauen:

1. Stelle ein Thema in die Mitte.
2. Zeichne von dort Hauptäste ab. Schreibe darauf wichtige Arbeitsschritte.
3. Verzweige die Hauptäste. Auf die Zweige schreibe Ideen zu den Arbeitsschritten.
4. Kleine Bildchen an den Zweigen dienen als Merkhilfe.

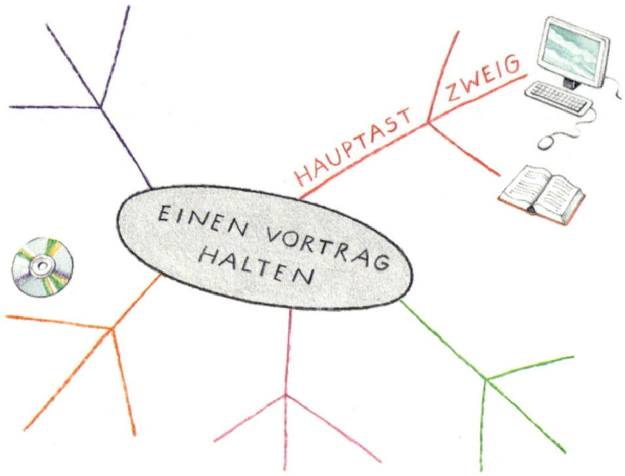

1 Lies die Mindmap im Uhrzeigersinn. Besprich die Angaben mit einer Partnerin/einem Partner.

2 Bereitet nach den Ideen der Mindmap gemeinsam einen Vortrag vor.

Aus medialen Quellen selbstständig wichtige Informationen auswählen, nutzen; Ergebnisse mit Hilfe von Kurzvorträgen vor der Klasse präsentieren

S. 4, S. 12, S. 13

Im Sommer

Was können wir im Sommer in der Natur beobachten?
Wie kann ein Regenbogen entstehen?
Wo gibt es in Thüringen „weißes und blaues Gold“?

Im Sommer beobachten und forschen

Auch im Sommer entdeckt ihr in der Natur Interessantes. Tagsüber könnt ihr Sommerpflanzen, Vögel, Schmetterlinge und andere Insekten beobachten, aber auch Wettererscheinungen und den Wechsel des Lichts.
Wollt ihr mehr erfahren, forscht weiter. Stellt Fragen und sucht Antworten.

An Rändern der Getreidefelder sind die roten Blüten des Klatschmohns zu entdecken. Am Morgen, wenn die Blüten sich öffnen, könnt ihr viele Insekten beobachten. Bei Insekten fallen die Augen auf.
Forscht dazu weiter:
Wie sehen Bienenaugen genau aus?
Was sehen Bienen mit diesen Augen?
Wie fliegen Bienen die Blüten an?
Bienenaugen bestehen aus tausenden kleinen Augen, den Facetten. Bienen sehen deshalb anders als wir. Forscher sagen, sie sehen „Bienenfarben" oder auch Muster, wo wir nur eine Farbe sehen. …

Im Hochsommer entdeckt ihr überall Jungtiere, auch junge Höckerschwäne. Weibchen und Männchen helfen den Jungen bei der Futtersuche. Sie tragen sie auf dem Rücken und schützen sie.
Forscht dazu weiter:
Wie lange brüten Schwäne?
Wann können die Jungen fliegen?
Wo leben Höckerschwäne?
Das Weibchen brütet etwa 35 Tage, dann schlüpfen die Jungen. Die Vogeleltern kümmern sich vier bis fünf Monate um sie. Dann sind die Jungen flügge: flugfähig und selbstständig. …

Ist es draußen warm, windstill und leicht bewölkt, hören wir ihren hohen Summton besonders oft: Wir wissen sofort: Das sind Stechmücken, die stechen und Blut saugen. An der Stelle rötet sich die Haut und juckt. Forscht dazu weiter:
Warum saugen Mücken Blut?
Warum juckt die Haut nach dem Stich?
Wie ernähren sich die Mücken sonst?
Wenn Mückenweibchen ihre Eier produzieren, brauchen sie dafür Eiweißstoffe. Deshalb saugen sie dann Blut.
Beim Stechen geben sie einen Stoff ab, der die Haut reizt. …

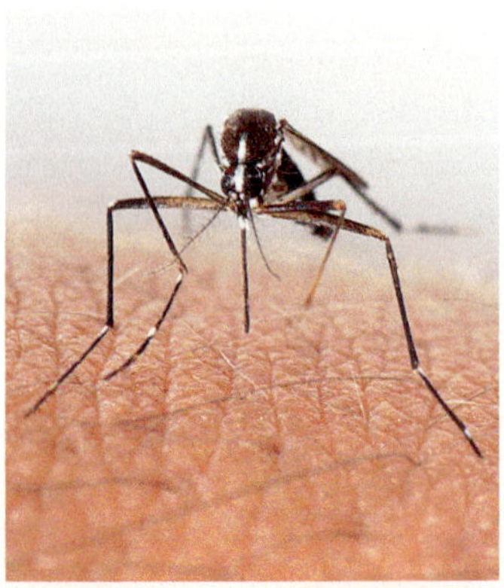

Beobachtungen/Langzeitbeobachtungen in allen Jahreszeiten durchführen, auswerten (Pflanzen/Tiere)

AH S. 49

S. 2, S. 4, S. 5

Auch am Sommerhimmel könnt ihr viel beobachten.
Dokumentiert und forscht dazu weiter:

Mein Sommer-Himmelstagebuch

Eine Wolkengans

Manchmal blitzt es, und sofort kracht es auch. Dann wieder blitzt es, und der Donner folgt erst später. ...
Vor Gewitter fürchte ich mich. ...

Ein Regenbogen

Folgt einem grellen Blitz sofort ein krachender Donner, ist das Gewitter genau über uns. Folgt dem Blitz ein grollender Donner später ...
Vor Gewitter schütze ich mich ...

Manchmal zieht sich von der Erde bis zum Himmel ein Regenbogen.
Er leuchtet in vielen Farben. Einen Regenbogen kann ich nur sehen, wenn ...
Die Farben des Regenbogens sind: ...

In der Dämmerung, beim Übergang vom Tag zur Nacht, sind Mausohren zu sehen. Sie jagen nach Insekten.
Forscht dazu weiter:
Fledermäuse finden ihre Beute auch in der Dunkelheit. Sie orientieren sich nicht mit den Augen, sondern stoßen hohe, für Menschen nicht hörbare Töne aus. Die werden von der Beute oder von Hindernissen wie ein Echo zurückgeworfen. Wenn es Tag wird, ...

Am Wegrand, an Mauern, auch an Flussufern ist abends eine Pflanze zu beobachten, die erst nachts ihre Blüten öffnet: die Gemeine Nachtkerze.
Ihre gelben Blüten ziehen Nachtfalter an.
Forscht dazu weiter:
Die Pflanze ist ein Nachtschattengewächs. Sie öffnet in der Abenddämmerung einzelne Blüten, die schon am nächsten Mittag verblüht sind. Nachtfalter bestäuben sie. So werden die Samen verbreitet: ...
Im Volksmund heißt die Pflanze auch: Eierblume, ...

Stoffe nutzen: Thüringer Schiefer

Dunkler Schiefer ist ein Schichtgestein, das sich in dünne Tafeln brechen und spalten lässt. Es wird in Schieferbrüchen gewonnen. Früher hat man in Thüringen große Mengen Schiefer abgebaut. Dort nannte man den Schiefer „Blaues Gold“. Ein alter Tagebau ist als technisches Denkmal in Lehesten zu besichtigen.

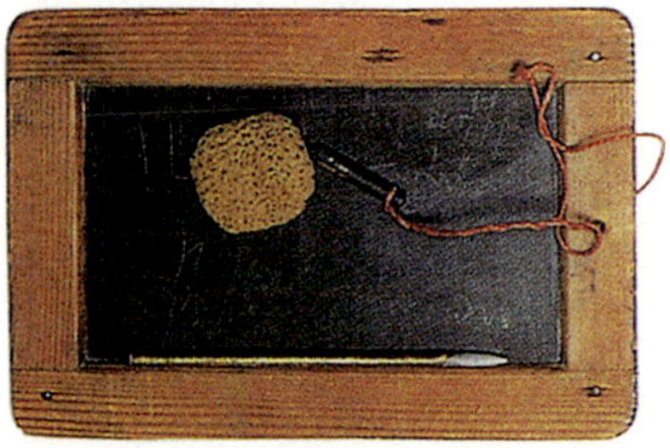

Schiefer ist hart, witterungsbeständig und lange haltbar. Er verträgt Hitze, Frost und ist nicht brennbar. Bis zum Jahr 2008 wurde Thüringer Schiefer zu Dach- und Wandziegeln verarbeitet und auf Hausdächern und an Hauswänden verbaut. Heute wird Thüringer Schiefer noch in den Schieferbrüchen Unterloquitz und Schmiedebach abgebaut. Dieser Schiefer wird so verarbeitet:

Blähschiefer dient als:
- Winterstreukorn im Straßenwinterdienst.
- Baustoff unter Fußböden.

Mit Schiefersplit/-grieß werden
- Dachbahnen und Dachschindeln bestreut.
- Wege gestaltet.

1 Erkunde:
- An welchen Gebäuden ist in deinem Heimatort Schiefer zu finden?
- Warum haben in Thüringen viele Gebäude Schieferdächer?

★ Findet ein Museum in eurem Kreis, wo ihr etwas über Schiefer erfahrt.

Nutzung und Verarbeitung von Stoffen durch Menschen an regionaltypischem Beispiel beschreiben, Verwendungsmöglichkeiten nennen (Schiefer)

AH S.50

Stoffe herstellen: Porzellan

Im Jahre 1708 stellte Johann Friedrich Böttger im sächsischen Dresden das erste europäische Porzellan her. Wie, das war ein streng gehütetes Geheimnis. Etwa 50 Jahre später kamen gleich 3 Thüringer dem Geheimnis auf die Spur. Georg Heinrich Macheleid, Johann Wolfgang Hammann und Johann Gotthelf Greiner brannten das „Weiße Gold“ mit Rohstoffen aus Thüringen. 1760 wurde in Thüringen die erste Porzellanfabrik gegründet. 100 Jahre später gab es bereits über 876 Porzellanmanufakturen. Hier arbeiteten 16 000 Menschen. Für die Porzellanmasse braucht man diese Stoffe:

Weiße Tonerde

Quarz-Bergkristall

Feldspat

So wird Porzellan im Gießverfahren hergestellt:

Porzellanmasse in Gips- oder Kunststoffform gießen

Masse trocknet an den Seiten an, Form entfernen

erster Brand im elektronischen Ofen (1 000 °C)

Glasur des noch porösen Porzellans, Bemalung

Endbrand (bis 1 480 °C), härtet die Glasur

Die Technik und die Herstellung wurden ständig weiter entwickelt, wie zum Beispiel die Brennöfen oder das Brennen der Porzellanmasse.

1 Suche im Internet nach der „Thüringer Porzellanstraße“.
- Benenne eine Fabrik. Beschreibe oder male ihr Zeichen.
- Nenne Produkte. Beschreibe ein Produkt oder zeige ein Bild.

2 Finde zu Hause Porzellan. Lege eine Tabelle an:

Gegenstand	Nutzen	Eigenschaften

Mülltrennung ist wichtig

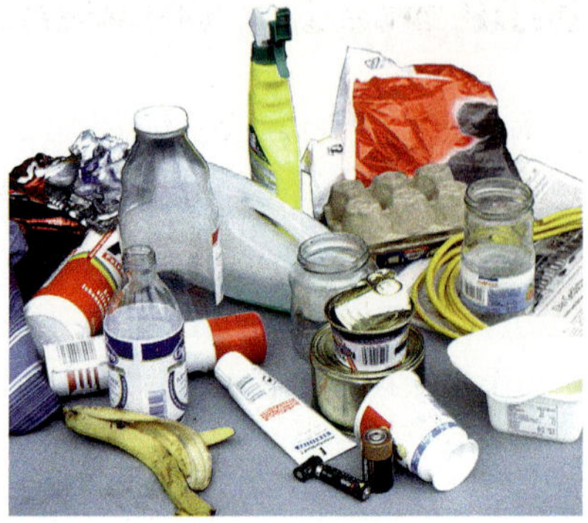

Viele Produkte werden aus Rohstoffen hergestellt, die es nicht unbegrenzt auf der Erde gibt, zum Beispiel Erdöl. Aus Erdöl sind die meisten Kunststoffe hergestellt. Es gibt aber Verfahren, mit denen man Abfall wieder zu neuen Materialien oder Erzeugnissen aufbereiten oder auch anders nutzen kann: Deshalb ist es wichtig, Abfall zu sammeln und zu trennen.

Altpapier	**Glas**	**Wertstoffe**	**Restmüll**	**Bioabfall**
hergestellt aus Zellstoff (Holzschnitzeln) oder Holz, wieder verwertbar:	hergestellt aus Quarzsand, Kalk, Dolomit, Soda, wieder verwertbar:	hergestellt aus Erdöl, Metall …, werden wieder aufbereitet und neu verarbeitet:	Müll ohne getrennte Abfälle, verunreinigt, nicht verwertbar, aber nutzbar:	von Pflanzen und Tieren, kann man umwandeln und wieder verwerten:

auf Deponien lagern

Müll verbrennen, die gewonnene Energie nutzen

Komposthaufen, es entsteht fruchtbarer Humus

★ Erforsche genauer, wie ein Stoff aus dem Hausmüll wieder verwertet werden kann. Berichte in der Klasse.

Aufbereitung, Wiederverwendung von Stoffen, Mülltrennung erläutern; dazu diskutieren, Gesprächsregeln einhalten

AH S.52

Müll wieder verwenden

Jeder kann dazu beitragen, die Müllmengen zu verringern.
Haushaltsabfall lässt sich für vieles wieder verwenden.
Überlege dir Lösungen. Du kannst diese Vorschläge nutzen.

1 Wohin mit dem alten Küchenschrank?

2 Lumpen kann man vielfältig wieder verwenden:
- daraus ein Kostüm zum Fasching gestalten
- ein Püppchen als Geschenk basteln

Welche Idee hast du noch?

3 Diskutiert: Wie können wir die Müllmengen verkleinern?

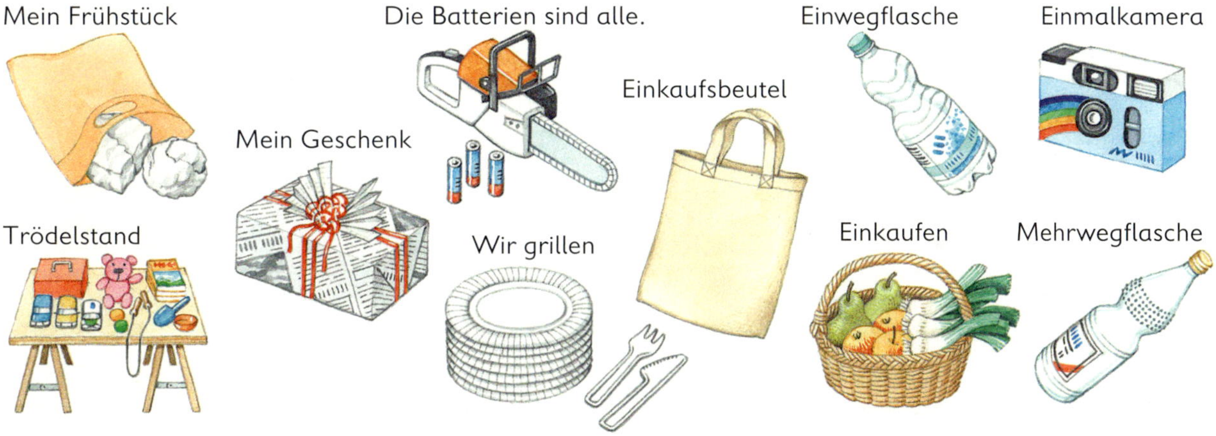

4 Mit Tetrapacks könnt ihr basteln. Stellt eure Arbeiten aus.

5 Wie kannst du Altpapier verwenden?

Aufbereitung und Wiederverwendung von Stoffen, Vermutungen diskutieren, sich an Gesprächsregeln halten

AH S.52

Bildquellen

5 imagine/GTZ/Nguyen The Duc, Vietnam; **6** Cornelsen Verlagsarchiv; (1); Helga Golz, Zühlsdorf (2); Peter Wirtz, Dormagen (3, 4); IFA-Bilderteam, München (5); **7** Cornelsen Verlagsarchiv (1); Christine Köller, Neubrandenburg (2); Mauritius Bildagentur/Age, Berlin (3); Helga Golz, Zühlsdorf (4); Frank G. Quader, Berlin (5); **10** CORBIS/© Patrick Ward (1); Cornelsen Verlagsarchiv (2); picture-alliance/dpa/Schulze (3); **13** Jan Schwärzel, Berlin; **14/15** Corel Library (Hintergrund); **15** Cornelsen Verlagsarchiv (1); blickwinkel, Witten/O. Giel (2); Arco Digital Ima Dirschel, R. (3); Hoefer (4); **18** Rainer J. Fischer, Berlin (1, 2); Cornelsen Verlagsarchiv (3); **20** Aus: Walch, Dieter/Neukamp, Ernst (Fotos): Wolken. Wetter. München: Gräfe und Unzer Verlag GmbH 1989; **21** Cornelsen Verlagsarchiv (1, 2); Institut für wissenschaftliche Fotografie Manfred Karge, Lauterstein (3); Werner Fiedler (4); Rolf Leimbach, Stadtlengsfeld (5); **23** Imk-Physik, Universität Karlsruhe (1); meteosat (2); Mit freundlicher Genehmigung des Wetterdienstes meteromedia Deutschland GmbH/Guido Rottmann (3); **24** Cornelsen Verlagsarchiv (1, 2); **25** Hans-Henje Held, Vögelsen; (1) www. optiker-team.de (2); **27** mauritius images/Photo Researchers (1, 2); Corel Library (3); **28** Hilde Köster, Berlin; **30** Superbild/Bernd Ducke (1); Corel Library (2, 3); Søren Müller, Berlin (4); IFA-Bilderteam, München (5); Matthias Luedecke, Berlin (6); Deutscher Wetterdienst, Öffentlichkeitsarbeit (7); Cornelsen Verlagsarchiv (8); **31** laif, Köln, Bialobrzeski; **32** Corel Library; **33** Marco Mayer/Fotolia.com; **34** sunsite.tus.ac./Japan (1); www.hotels-world.com (2); Cornelsen Verlagsarchiv (3, 4); International Medical Scorps, Los Angeles (5); **35** Aus: Spektrum der Wissenschaft. Dossier: Dritte Welt. Mike Goldwater/Matrix (1); ullstein bild, Berlin/BONESS IPON (2); **36** Günter Nordmann, Osnabrück (1); picture-alliance/dpa-Zentralbild/Hendrik Schmidt (2); **39** Andy Goldsworthy; **40** Gerhard Medoch, Berlin (1, 2); Connie Wade/Fotolia.com (3); Elena Schweitzer/Fotolia.com (4); wikipedia.org/M. Kirchherr (5); **41** picture-alliance/OKAPIA/Danesse; **42** picture-alliance/OKAPIA; **43** akg-images, Berlin; **44** Harald Lange, NaturBild, Bad Lausick (1); picture-alliance/OKAPIA/M. Read (2)/Reinhard (3)/dpa/Reinhard (4); **45** Superbild/Alaska Stock (1); Pixelio/Andreas-Harry Sternberg (2); **48** Peter Hagen, Ostthüringer Zeitung, Gera; **49** Cornelsen Verlagsarchiv; **50** Stefan Wagner, Berlin (1); Rainer J. Fischer, Berlin (2); **51** laif, Köln/Zanettini; **56** FONDS Gesundes Österreich, Wien; **57** Rainer J. Fischer, Berlin; **60** picture-alliance/ZB-Fotoreport/Jan-Peter Kasper; **61** Helga Golz, Zühlsdorf; **62** Claudia Rosenthal, Berlin; **63** Dieter Demme; **65** Karl-Heinz Laube/Pixelio.de; **70** Gerhard Hoffmann, Berlin (1); Cornelsen Verlagsarchiv (2); picture-alliance/OKAPIA/H. Lange (3); **72** Cornelsen Verlagsarchiv; **75** CM Company (1); Cornelsen Verlagsarchiv (2); **76** Verlag Heinrich Vogel, München; Cornelsen Verlagsarchiv (2–11); **77** Peter Wirtz, Dormagen; **78** Klaus Fischer, Berlin (1, 2, 4); Peter Wirtz, Dormagen (3); **79** Peter Wirtz, Dormagen (1, 2, 3); Verlag Heinrich Vogel GmbH, München (4); **81** picture alliance/dpa-Zentralbild/Archiv Neumann (1); Volker Z/Fotolia.com (2); **82** Bundesarchiv Koblenz/Seidel (1); picture-alliance/akg-images Berlin (2); **83** picture-alliance/dpa-Report/Hendrik Schmidt (1); ullstein-bild (2); picture-alliance/ZB-Fotoreport/Heinz Hirndorf (3); **84** Frank Ihlow, Potsdam (1); Irina Fischer/Fotolia.com (2); Universal History Archive/Universal Images Group (3); Sandra vom Stein/iStockphoto.com (4); **85** picture-alliance/akg-images (1); Irina Fischer/Fotolia.com (2); picture-alliance/Uwe Gerig (3); picturealliance/dpa/Frank Leonhardt (4); **86** Cornelsen Verlagsarchiv; **87** ullstein bild (1); Hans-Joachim Stelter, Bad Düben (2); picture-alliance (3, 5); akg-images Berlin (4); Michel Angelo/Fotolia.com (5); Angela Lucke, Berlin (6); **89** picture-alliance/KPA/Chris (1)/dpa (2, 3); **90** akg-images Berlin (1); Rolf Leimbach, Stadtlengsfeld (2, 3); **91** picture-alliance/ZB/Bernd Settnik; **92** Cornelsen Verlagsarchiv (1, 2, 4); TV yesterday (3); picture-alliance/akg-images (5); **93** Nicole Haberkamm/Pixelio.de; **94** Reinhard-Tierfoto, Heiligkreuzsteinach (1, 3, 4); Hans Reinhard (2, 5); **95** wikipedia.org/CC/Michael Gäbler (1); Wikipedia/GNU/Hohwald (2); OHE/Fotolia.com (3); Hans Reinhard (4); **96** Dagmar Zechel/Pixelio.de; **97** Harald Lange, NaturBild, Bad Lausick; **98** Steffen Weidinger, Berlin; **99/100** Gerhard Medoch, Berlin; **101** Steffen Weidinger, Berlin; **104** Cornelsen Verlagsarchiv; **105** picture-alliance/Berliner Zeitung/Wulf Olm; **107** Peter Wirtz, Dormagen; **109** project-photos/Reinhard Eisele (1); wikipedia.de/Sebastian Terfloth (2); slobo/iStockphoto.com (3); **110/111** milkmoon.de; **113** Gerhard Medoch; **114** Hans Blümel, Mücka (1); juniors bildarchiv, Ruhpolding (2); **115** juniors bildarchiv, Ruhpolding; **116** picture-alliance/dpa/Koch (1); Edd/Westmacott/iStockphoto.com (2); **117** Wolfgang Filser, Augsburg; **119** picture-alliance/dpa/epa afp Stephen Shaver (1); blickwinkel/Rutkiewicz (2); Michael Buckley/iStockphoto.com (3); Mike & Valerie Mille/Fotolia.com (4); picture-alliance/dpa/epa/Carl Whetham (5); **121** laif, Köln; **122** photoactive, München (1); Harald Lange, NaturBild, Bad Lausick (2); Steffen Weidinger, Berlin (3); demarfa/Fotolia.com (4); **123** Corel Library (1); Rolf Leimbach, Stadtlengsfeld (2); Hans Reinhard, Heiligkreuzsteinach (3); picture alliance/botanikfoto/Steffen Hauser (4); **124** picture-alliance/ZB-FUNKREGIO OS/Jan-Peter Kasper (1); Cornelsen Verlagsarchiv (2); Frank Ihlow, Potsdam (3); picture-alliance/dpa-Bildarchiv/ZB/Jan-Peter Kasper (4); Stadtmuseum Berlin/Kinder- und Jugendmuseum (5); webks.de/Fotolia.com (6); **125** Cornelsen Verlagsarchiv (1, 5); Scientifica/Visuals Unlimited, Inc./Getty Images (2); Xavier/Fotolia.com (3); Yury Kosourov/iStockphoto.com (4); **126** Erhard Pansegrau, Berlin; **127** Helga Golz, Zühlsdorf

Karten, wenn nicht anders ausgewiesen: Peter Kast, Ingenieurbüro für Kartographie, Wismar